只會做事，不會做人，就不能算成功，

越是成功的人，越要懂得微笑的力量。

—— 李嘉誠

多聽少說常點頭，成大事者不拘一格！
所以，常言道：會做人比會做事還重要！

自命不凡的人都是凡人

方東野　校訂

前言
PREFACE

美國前總統林肯曾說：「對暫時鬥不過的小人，要忍耐。與其和狗爭道被狗傷，還不如讓狗先走。因為到時候即使你將狗殺死了，也不能治好被咬的傷。」這正是所謂的：「小不忍則亂大謀」。

在待人處事中，自己若處於不利的地位，或者危難臨身，不妨先退讓一步，暫時躲一下。這樣做，不但能避開危機之鋒芒，脫離困境，還可以另闢蹊徑，重新佔據主動。當然，「忍字頭上一把刀」，忍很多時候是以自己吃虧，或者故意「作踐」自己為代價的，臉皮薄，拉不下面子，絕對做不到這一些。

漢初期，劉邦死後，匈奴單于欲趁機侵吞漢朝疆土，還寫了一封十分欺侮人的信給呂后。信中說：「你最近死了老公，我正好也死了老婆，看你已人老珠黃，就帶著江山來跟我過吧！」

呂后看了信，氣不打一處來，恨不得宰了這個匈奴的蠻子。但她到底是一個厲害的女人，採取了微笑外交，順水推舟地回信說：「我老了，只怕不能侍候大汗了。不過，我們宮中年輕貌美的女子倒是有的。」於是，她送了一個宮女往匈奴和番。一場對漢朝毀滅性的災難就這樣躲過去了。

當時呂后若負氣動武，結果可想而知。因為，早在八年前，劉邦要發動對匈奴的戰爭，眾臣大多同意，惟有劉敬反對，說國家剛建立，軍隊正要休整，沒有戰力鬥，國庫空虛，更不能經受戰爭。劉邦大怒。劉敬再也不發一言。於是，劉邦不聽劉敬的勸阻，一遇上匈奴軍，卻大敗而逃。逃也逃不了，被圍困在白登山，差點做了俘虜。

硬的不行，軟的行。劉邦的戰爭手段失敗，呂后的微笑外交卻讓國家平安無事！

自從20世紀初李宗吾在四川發表《厚黑學》，揭曉了古今英雄豪傑之所以成功的秘訣，距今已有九十多年了。近百年來，《厚黑學》始終風靡不衰。因為《厚黑學》三字不只是一個名詞，而是待人處事中左右逢源、克敵制勝，甚且處處占盡上風的無上處世絕學。

與那些充斥於大街小巷的名人傳記、成功人士的經驗之談等書籍相比，「厚黑學」是一種極有實用價值的學說。上至廟堂，下至市井，可以說無處不適，無所不通。

正如李宗吾所說：「『厚黑學』這種學問，法子很簡單，用起來卻很神妙，小用小效，大用大效。世間學說，每每誤人，惟有『厚黑學』絕不會誤人，就是走到了山窮水盡，當乞丐的時候，也比別人多討點飯。故宗吾曰：『自大總統以至於乞兒，壹是皆以厚黑為本。』」

春秋時期的范蠡，在朝堂上能夠縱橫捭闔，運籌帷幄，輔佐勾踐報仇雪恨，乃至功成身退，泛舟五湖，把過去在官場上的厚黑本領用到商場上，積聚生息，竟然能在短短一十九年內三聚三散家財，造福一方，成為受世人景仰的「商聖」陶朱公。

世界很大，一生頗長，當你精通待人處事的厚黑之道時，你將會發現，工作、人際關係和所有周遭一切，真的都變得很通達順暢。所以說，會做人比會做事還重要——做人要寬，做事要專！

目錄
CONTENTS

ch.3 做好人，也要拿捏好分寸

ch.4 只要是人，多少都會得罪人

ch.5 處世之道「多聽少說常點頭」

ch.6 成大事者，不拘一格

ch.1 做人不能急，凡事留餘地

——「過頭飯不可吃，過頭話不可講。」待人處事，萬不可把事做絕，要時時處處為自己留下可以迴旋的餘地。就像行車走馬一樣，你一下子奔馳到山窮水盡的地方，調頭就不容易；留下一些餘地，調頭就容易多了。

1 施展「太極」，也需要臉厚心黑

待人處事，特別是在管理運作中，「推」是一項經常運用的管理藝術。它的基本含義是：在推行既定目標或新的舉措過程中，對所遇到的諸多障礙因素不採取直接的消除措施，而是運用時空的自然跨度，促使障礙因素自動化解或消除。

「推」的藝術既有明確的目標，又有實現目標的作為。它的產生和運用，不是管理者的主觀衝動、無能失控；恰恰相反，它是管理者全盤把握、合理控制的高超策略和審時度勢的能力在管理行為上的集中反映。

「推」的運用範圍十方廣泛，大到宏觀決策，小至一次談話，長到幾年，短至幾分鐘，甚至某一瞬間的幾十秒鐘內都可成為充分運用的時空。

在待人處事中巧妙運用「推」的藝術，必須把握兩個要點：

第一，運用「太極推手功」，必須具備臉厚心黑的內功。

任何事物的發展都有一個產生、壯大和暴露的過程，任何問題的解決都需要一定的主客觀條件。理論上講，判斷一件事物可不可以「推」，主要應該看這件事物的發展規律是否得到顯現，解決問題的主客觀條件是否已經成熟。但是，如果完全按照應該怎麼做而做，只能對事情本身有利，很多情況下卻很可能對自己不利，起碼沒什麼好處。試想，對自己沒有丁點好處，甚至可能帶來風險，難道不該推它一把嗎？

有人提出某件事，要求你處理，你對這件事卻一無所知，難以做出正確的判斷和處理。在這種情況下，不能簡單地給予肯定或否定的答案。這時，你可以說：「讓我瞭解一下情況再答覆你。」「推」的目的是為了把事情的來龍去脈搞清楚。

身為上司，對屬於下屬職權範圍內的事，如果下屬能夠自行處理，千萬不要越俎代庖，以免承擔不必要的責任，影響了自己的威信。對下屬沒有把握或感到無力處理的事，也不要急於處理，可先讓下屬拿個初步意見，這可鍛鍊下屬解決問題的能力，達到培養下屬能力的目的。萬一出了什麼事，還可以把下屬當「替罪羊」。只要你臉夠厚、心夠黑，不妨來個「丟卒保車」，把責任全推給那個倒楣蛋。

第二，掌握好「推」的火候。

「推」的藝術運用與否，有其自身的內在需求和運用範圍，不可不看條件和對象就亂用。用一句形象的話概括，「推」的藝術就是「火候」二字。所謂「火候」，就是因勢而動。如何運用，不外乎以下幾個方面：

1・要根據客觀實際，靈活地採取適當的方法——對推行過程中的問題不太瞭解，或是所遇到的矛盾非常尖銳，在討論會上一時達不成一致意見，通過的人數超過不了半數，或是群眾和下級對你的意圖暫時不能服從，等等，就要採取「懸球法」，把問題暫時擱置起來，放一段時間，待眉目清晰，再行處理。

此外，身為具有權柄的上司，在實際工作中，一定要分清事情的輕重緩急。對急需處理的事，應立即處理，不可隨便往外推，因為推了不僅會誤事，還可能影響到你自己。你想，人家心急火燎地找你，你卻把他推出去，他對你肯定會有意見。等他去找其他上司，別人就會知道你是在推卸責任，進而影響班子成員之間的關係。

2・要看對象，因人制宜——有些問題的處理，一定要考慮到當事人的個性特點，看其接受程度如何，「推」能不能取得預期的效果。如果當事人接受不了，容易產生逆反心理或誤解，加深矛盾，甚至會發生新的問題。

3・要看火候，且適可而止——在實際工作中，有的事可以一推到底。有的事「推」到一定程度就要適可而止。因為事物隨著時間的推移，會不斷發生變化。因此，不能放手不管，一推了之，要密切觀察其發展，把握好「推」的火候，適時進行處理，以期達到適時適度和恰到好處。

2 不妨學一學怎樣「踢皮球」

我們常常會發現，有的人在交際圈內總是進退自如，有的人卻處處被動，進退維谷。其中，原因可能很多，但無疑和他們不善於在待人處事中留下餘地有一定的關係。所謂「留下餘地」，就是在人際交往中推行「彈性外交」，使自己與對手，雙方都能獲得更大的迴旋空間，從而減少或避免一些不必要的摩擦、傷害。但如何留餘地，卻有很多學問。一般人辦事只知踢皮球，但踢得拙劣至極，結果事未辦成，還招來一身是非。這是厚黑學不純熟的緣故。

那麼，在待人處事中，到底該如何「踢皮球」呢？

厚黑教主李宗吾說：「有人中了箭，請外科醫生治療，醫生將箭桿鋸了，即索謝禮。問他為什麼不把箭頭拔出？他說：那是內科的事，你去尋內科好了。這是一段相傳的故事。現在各級機關，與夫大辦事家，都是用這種方法。譬如批呈詞：『據呈某某等情，實屬不合已極，仰候令飭該縣知事查明嚴辦。』『不合已極』這四個字是鋸箭桿，『該知事』是內科。抑或『仰候轉呈上峰核辦』，那『上峰』就是內科。又如有人求我辦一件事情，我說：『這個事情我很贊成，但是，還要同某人商量。』『很贊成』三個字是鋸箭桿，『某人』是內科。又或說：『我先把某部分辦了，其餘的以後辦。』『先辦』是鋸箭桿，『以後』是內科。此外只有鋸箭桿，並不命其尋找內科的，也有連箭桿都不鋸，命其尋內科的，種種不同，細參自悟。」

李宗吾這段話的核心，就是讓人無論辦什麼事，都要學會給自己留好後路。比如在允諾辦事時，注意使用「模糊語言」，以贏得主動。有的人在答應辦事時，總是言之鑿鑿，肯定而又具體。這當然不是壞事。如果自己對答應別人的事確有把握，確信能夠如期實現，有何不可？問題是，由於事情的發展並不總是以自己的主觀意願為轉移，有時會出現一些「意外狀況」，結果使自己允諾的事無法實現，留下「言而無信」的印象，影響了人際關係的和諧。

在拒絕別人時，不妨先拖延一下，使自己「進退有據」。有的人在面對別人求助而自己確實無能為力，或因事不正當，自己不願出力時，往往不做解釋，一口回絕，顯得生硬而不友好，讓求助者產生「不夠意思」、「不願幫忙」的想法。因此，最好先答應考慮一下，給自己留點迴旋的空間。

有些人在拒絕求助者時，因為臉皮不夠厚，老是感到不好意思，而不敢據實言明，致使對方摸不清自己的真意，產生許多不必要的誤會。其實，在人際關係中，不得不拒絕乃是常有的事，而由此搞壞交情的並不多；倒是有些人說話語意曖昧、模稜兩可，反而容易引起人家誤會，甚至導致彼此關係破裂，這種例子卻不在少數。

在批評人時，最好「點到為止」，以維護對方的自尊。最讓人沮喪的事莫過於受到沒完沒了的批評。有的人在批評人時，不看場合，不考慮對方的心理承受能力，一味地高聲大嗓，傷害了別人的自尊。

切記，批評別人時，特別是若有多人在場，務必點到為止，力求含蓄。

在與人爭論時，切忌使用「過頭話」或「絕情語」。爭論時，雙方的心情都很容易激動，這是可以理解的，但絕不能因此而口不擇言，傷害對方的感情，使得雙方都難以「下臺」。

精通「踢皮球」的人請人幫忙，會盡量使用「假設語」，為對手留條「後路」。有的人在請人幫忙時，愛使用命令語氣，直接讓對方按自己的要求去做。對方若無能為力，就會出現僵局：對方為難，自己生氣。為了防止發生「強人所難」的狀況，求人幫忙時，盡量用委婉、商量的口氣。這樣做，即使對方無能為力，也不至於讓他尷尬、難堪，為對方留個台階，日後相見。

3 寧得罪君子，不得罪小人

誰都不願與小人打交道。可不管你願不願意，又總不可避免地會碰到小人。因為那些生活在我們身邊的小人，他們的眼睛總是牢牢地盯著我們周圍所有大大小小的利益，隨時準備多撈一份，為此甚至不惜一切代價，用各種手段算計別人，真是令人防不勝防。

小人是琢磨人心的專家，敢於為芝麻大小的恩怨付出一切代價。因此，如何與小人打交道，還得有一套行之有效的方法才行。怎麼辦呢？如果你既不想把自己降低到與小人同等的地步，也不想與小人兩敗俱傷，那就把臉皮磨厚點，或者睜隻眼閉隻眼，不理了事；或者惹不起，躲得起，盡量不與小人發生正面衝突。一句話，非有必要，絕不得罪小人。

夫妻之情、父子之情、手足之情等都是人之常情。如果一個人連最起碼的人之常情都不顧，這個人肯定十分陰險、可怕，為達到某種目的，必定不擇手段，一旦得勢，就翻臉不認人，更會做出落井下石的勾當。

歸納歷史上得有關論述，大體上可將小人劃分為七類：

一、外表忠貞，心裏想的是名利。喜好逢迎拍馬，觀言察色以受寵。

二、結納身邊的人，專心鞏固自己的名位，絕不說真話，只知沽名釣譽。

三、只圖安逸，淡泊人情，唯利所在，不體恤他人。

四、討厭勝過自己的人，喜歡諂媚自己的人，聽到他人的善行就嫉妒。

五、愛好聲色，缺乏正經心思，遇到財物就動壞主意。

六、不求實學，只圖虛名。只要有益於己，小則冒險存僥倖，大則寡廉無恥。

七、混跡於斯文，以吃喝為瀟灑，以勤事為俗流，以避禍為清高。

與小人打交道，務必多留個心眼兒。即使你比他強大得多，也最好不要與他發生正面衝突。同情弱者是人的天性。在男女爭鬥的情況下，同情女性更是人的天性。人們會想，弱者明知打不過強者，為什麼會反撲？當然是被逼急了！被逼迫的人，理當獲得同情！這就好比，當一隻小貓撲向大狗時，無論小貓是不是在撒野，總能得到喝彩。比你弱小的小人決定拼命，即使你的實力強得多，又有一百二十個道理支持你，也最好不要跟他正面衝突。不錯！你很強，可以一刀砍下他的頭，他頂多只能砍你一條腿。到頭來，你一定贏，他一定死。問題是，你非但贏得不光彩，而且，一旦你斷了一條腿，還能稱得上英雄嗎？

「小人」每個地方都有，常常成唯一個團體紛擾之源。他們的造謠生事、挑撥離間、興風作浪很令人討厭。所以，大多數人對這種人不但敬而遠之，甚至還抱著仇視的態度。仇視小人固足以顯出你的正義，但這不是保身之道，反而突顯了你的不切實際，因為你的「正義」暴露了這些小人的無恥、不義。

再壞的人也不願被人認為自己「很壞」，總要披上一件偽善的外衣。這是人性。你特意突顯的「正義」，卻照出了這類人的原形，這不是故意和他們過不去嗎？

君子不畏流言、不畏攻訐、因為他問心無愧。小人看你暴露了他的真面目，為了自保、掩飾，必會對你展開反擊。小人之所以為小人，是因為他們始終在暗處，用的始終是不法的手段，而且不會輕易罷手。看看歷史書中的斑斑血跡吧，有幾個忠臣抵擋得過奸臣的陷害？

當你發現你所面對的小人不惜犧牲自己、親人的生命，要與你周旋到底時，就算你有理，也最好避一避。避開小人，完全是因為你根本不值得把太多精力浪費在一些沒有價值的鬥爭上。一旦把握不好自己的行為界限，得罪了小人，他就會想方設法琢磨你，破壞你的正事，分散你的精力，使你不能安心於工作、學習和生活。

4 虛與委蛇，別與人撕破臉皮

每個人在不同的場合，都有自己所扮演的角色。在公司，必須扮演符合自身職位的角色；在家中，必須扮演家庭中的角色。每個人也都保持相互之間角色分配的默契。一旦相互間「撕破臉皮」，對當事人必然產生很壞的影響。

在處理人際關係時，要把握一個原則：不要撕破臉皮。那怕你對某人恨之入骨，必欲置之死地而後快，在沒有達到目的之前，最好還是與他和氣相處，甚至在達到目的之後，對其親人也還是要笑臉相迎。這叫「虛與委蛇」。

這樣做有很多好處：一事可以麻痺對手；二是如果將來形勢有變，彼此需要聯手，也有個迴轉的餘地。

不懂的這一原則，與正人君子打交道，可能不會有太大的問題。假如你所遇到的是一個精通厚黑之道，為了自己的利益，什麼事都做得出來的人，你的麻煩可就大了，弄得不好，被人賣了，還在幫人家數鈔票哩！

楊炎與盧杞在唐德宗時一度同任宰相。盧杞的爺爺是唐玄宗時的宰相盧懷慎，以中正廉潔著稱，從不以權謀私，清廉方正，頗受時人敬重。他的父親盧奕也是忠烈之士。盧杞平日不注意衣著吃用，穿得很樸素，吃得也不講究，人們都以為他有祖風，沒有人知道他實際上是一個善於揣摩上意，很有心計，貌似忠厚，以厚臉取得別人的信任的人。他除了巧言善辯，別無所長；他嫉賢妒能，臉厚心黑，使壞主意害人是他拿手好戲。但大奸似忠，他靠著左右逢源的厚黑之道，很快就爬上宰相的寶座。

楊炎則是中國歷史上著名的理財能手，他提出的「兩稅法」對緩解當時中央政府的財政危機立下了汗馬功勞。後來的史學家評論他說：「後來言財利者，皆莫能及之。」可見，他確實是個幹練之才。

楊炎與盧杞在外表上有很大不同。楊炎是個美髯公，儀表堂堂。盧杞臉上卻有大片藍色痣斑，相貌奇醜，形象委瑣。然而，楊炎雖博學多聞，精通時政，具有卓越的政治才能，卻缺乏宰相之度。在處理與同僚的關系上，他恃才傲物，目中無人；特別是對盧杞這樣的小人，他壓根兒就沒放在眼裏。兩人同處一朝，共事一主，但他幾乎不與盧杞有絲毫往來。按當時的制度，宰相們一同在政事堂辦公，一同吃飯。楊炎因為不願與盧杞同桌而食，變經常找藉口，在別處單獨吃飯。有人趁機向盧杞挑撥：「楊大人看不起你，不願跟你在一起吃飯。」

因相貌醜陋，內心自卑的盧杞自然懷恨在心。他先找楊炎手下親信官員的過錯，並上奏皇帝。楊炎因而憤憤不平，質問盧杞：「我的手下有什麼過錯，自有我來處理！就算我不處理，也可一起商量，你為什麼瞞著我，暗中向皇上打小報告！」弄得盧杞下不了台。於是，兩個人的隔閡越來越深，總是較著勁，對著幹。

盧杞與楊炎結怨後，千方百計謀圖報復。他深知自己不是進士出身，又面貌奇醜，才幹更是無法與楊炎相比，但他憑藉厚黑之才，極盡阿諛奉承之能事，已逐漸取得唐德宗的信任。

不久，機會終於來了。節度使梁崇義背叛朝廷，發動叛亂。德宗命淮西節度使李希烈前去討伐。楊炎不同意重用李希烈，認為此人反覆無常：「李希烈殺害了對他十分信任的養父而奪其職位，為人兇狠無情。他沒有功勞，已傲視朝廷，不守法度，若是因平定梁崇義而立功，以後就更不可控制了。」

但德宗已下定決心，對楊炎說：「這件事你就不要管了！」

誰知，楊炎不知察言觀色，還是一再表示反對。這使德宗大為生氣。

不巧，詔命下達之後，趕上連日陰雨，李希烈進軍遲緩。德宗是個急性子，就找來盧杞商量。盧杞看到這是扳倒楊炎的絕好時機，便對德宗說：「李希烈之所以拖延、徘徊，是因為聽說楊炎反對他的緣故。陛下何必為了保全楊炎的面子而影響平定叛軍的大事呢？不如暫時免去楊炎宰相的職位，讓李希烈放心。等到叛軍平定以後，再重新啟用，也沒什麼大關係！」

這番話看上去完全是為朝廷考慮，也沒有一句傷害楊炎的話。盧杞排擠人的手段就是這麼高明。德宗果然聽信了盧杞的話，免去了楊炎的宰相職務。就這樣，楊炎因為不願與小人同桌就餐，莫明其妙地丟掉了相位。

從此盧杞獨掌大權，楊炎可就在他的掌握之中了。他自然不會讓楊炎東山再起，且屢次找茬兒整治楊炎。楊炎在長安曲江池邊為祖先建了一座祠廟。盧杞誣奏道：「那塊地方有帝王之氣。早在玄宗時代，宰相蕭嵩就曾在那裏建家廟因玄宗皇帝曾到此地巡遊，看到此處王氣很盛，就讓蕭嵩把家廟改建別處。如今楊炎又在此處建家廟，必定是懷有篡權奪位的野心！近日長安城內到處傳言：『此處有帝王之氣，楊炎要據為己有，必定是有當帝王的野心。』」

什麼……楊炎有「謀反篡位」之心？豈能容之！於是，在盧杞鼓動之下，德宗勃然大怒，將楊炎貶至崖州（今海南省境內）任司馬，又隨即下旨，於途中將他縊殺。

俗話說：「惹不起，躲得起。」楊炎明知道盧杞是個得罪不起的小人，自己的厚黑手段又沒有對方高，「惹不起」，偏不「躲」，為了芝麻粒兒大的小事，甚至公開與對方撕破臉面，到了最後卻遭到對方的暗算，實在是不明智至極！

5 厚臉出醜，勝過巧妙掩飾

就人的心理，一般總會想盡辦法掩飾缺點，表現優點。殊不知，一旦有人明白地指出自己的缺點，反而會讓人覺得他很誠實，對他產生信賴感。

當然，這並不是說，你得將自己的缺點一五一十，全都說出來。這樣做不但得不到上述的效果，反而會破壞自己的形象。那麼，應該怎麼做，效果才好呢？

第一，你可以透露自己的。

完人給人高不可攀的感覺。反是宣傳先進模範人物，效果通常不佳，就因把他們的無限誇大，說成了不食人間煙火的「完人」，使人根本沒辦法仿效。有少許小缺點的人，給人的感覺是：「雖然有缺點，但大體上很好。」這樣的人往往更能獲得別人的信賴。

據說，有一次，美國加州大學一位著名的教授在課上提出他所做的老鼠實驗的結果。此時有一位學生突然舉手提他的看法，並問這位教授，若是用另一種方法去做，實驗結果將會如何？所有學生全都看著這位教授，等著看他如何回答。結果，這位教授不慌不忙，直截了當地說：「我沒做過這個實驗，我不知道。」

同樣的情況若發生在東方教授身上，情形恐怕會完全不同。他一定會絞盡腦汁，說出「我想，結果會是……」的話來。

直截了當地承認自己不知道，會給人留下非常誠實的印象。其勇氣也讓人佩服。這樣，人們對他所說的其它觀點，會更加信任。此外，承認自己有所「不知」，也可拉近與一般大眾的距離，使他顯得更加親切。

第二，要善於運用自身的弱點施展計謀，獲得成功。

在《三國演義》中，張飛與酒結下了不解之緣。他逢酒必飲，每飲必醉，每醉必出事端，不是打人，就是誤事。應該說，這是他的一大弱點。這個弱點，多次給對手留下可利用的空檔。例如，第十四回記載，張飛守徐州時，劉備曾一再叮囑他不可飲酒或少飲酒。但劉備剛走，他就大飲特飲起來，酒後又痛打曹豹。結果呂布乘機殺進城來，他的酒還沒醒，就把徐州給丟了。然而，隨著在戰爭中鍛鍊得比較成熟之後，他的弱點卻轉變成麻痺迷惑敵人的一種招數。

張飛在宕渠山戰張郃，就充分表現了這一點，頗能給人以啟迪。

演義第七十回中寫道，張飛在巴西一帶打敗張郃之後，揮軍乘勝追擊，一直趕到宕渠山下。張郃利用有利的地勢據川守寨，堅持不出，一連「相距五十餘日」。張飛無計可施，於是在山前紮住大寨，每日飲酒，且每飲必大醉，坐於山前辱罵。劉備得知後，大驚失色，急忙找孔明商議。諸葛亮不但沒有驚慌，反而立即派魏延送去三車好酒，還在車上插著「軍前公用美酒」的大旗。張飛得到美酒之後，不但自己更加嗜酒無度，還把美酒擺在帳前，「令軍士大開旗鼓而飲」。那張郃在山上見此情景，再也按捺不住殺敵的心情，帶兵乘夜下山，直襲蜀營。待衝進張飛的大寨，見帳中端坐著一位大漢，舉槍便刺。哪成想，刺倒的竟是一個「假張飛」——草人。結果，張郃被打得大敗，曹軍的宕渠寨、蒙頭寨、蕩石寨全被張飛奪得。

事實證明，一個人的特點及習性，最容易使對手在做下判斷時形成一種思維定式。聰明者若能有自知之明，就性用計，正好可以出其不意，把敵手誘入自己設下的「圈套」。

第三，利用對方攻擊自己的痛處，尋求突破並還擊對方。

三木武吉是日本很有名的政治家。二次大戰後，第一次競選時，他曾到備川縣的高松市講演。當他講到「戰後的日本應該怎樣才能馬上恢復建設」時，突然，聽眾席中傳來一個婦女的喊聲：「三木武吉，你不是娶了六個老婆嗎？像你這樣的人，怎麼能搞好日本呢？」

三木一聽，並沒有驚慌，反倒鎮靜自如地回答：「這位女士，確實如此，我年輕時是個享樂主義者，娶了好幾房妻子，而且戰爭中常帶著他們東躲西藏。這可以說是男人的劣根性。但現在他們都已人老珠黃，不中用了，如果我把她們拋棄了，今後誰來養活她們？還有一點，你說的不正確。是七個，不是六個。」

聽了他的回答，全場立即響起熱烈的掌聲。

選舉結果，三木武吉以高票當選。這裏，三木就是巧妙地利用了自己的錯誤，贏得他人的同情，以此獲得成功。

總之，只要正確地認識自己的缺點和不足，並巧妙地加以利用，化短為長，變弊為利，弱點和不足也可以幫助你贏取勝利。

6 「挨罵」是成長的養分

俗話說：「慧眼識英雄。」可現實中有「慧眼」的人畢竟太少。因此，一個人不懂的自我推銷，一輩子也別想出人頭地，最後只能落得一天到晚怨天尤人。其實，這是咎由自取。日常生活中，無論是競選、推銷，還是應徵面試，哪一方面不是靠自我推銷換取成功的？李宗吾的《厚黑學》之所以流行於世，就是他利用一切機會全力推銷的結果。

當你挨了上司的罵，首先自己應該認識到，無論多麼優秀或傑出的人，總免不了會挨上司的責罵。第一次挨罵的感覺肯定不好受，但是，你無論如何都必須通過這一關。

剛開始，由於生疏，上司或許還會對你客氣。等彼此熟悉之後，他可能突然迎頭一擊，咆哮、喝斥等等，全都衝著你來。有些人一遭上司的罵，心裏就嘀咕：「這下完了！」或「那種罵法實在讓人受不了，乾脆辭職不幹！」其實，臉皮厚一點，挨點罵又算什麼。不過，對挨罵的原因，倒是應該好好反省，不能再重犯。對挨罵這件事本身，不必特別在意。管理部下是上司的職責，不妨把挨罵當成工作的一部分。

說得更徹底點，罵與被罵，等於是你與上司之間的一種溝通。他罵你，就代表他已經開始將你視作真正的工作夥伴。此外，上司罵的內容之中也多半透露著他的本意和大量的實務知識，應心平氣和，仔細聆聽，別漏掉當中有用的情報。

如果你因為在眾人面前被上司責罵而感到非常丟臉，因此怨恨上司，那就大錯特錯了。在這種情況下，你可以換個角度，看作是上司在培養自己、教育自己；甚至阿Q點，認為在眾人當中，只有自己才值得被上司責罵，在公司所有職員裏最有前途，「他對我充滿期待」。

妥善地運用上司和你之間「罵與被罵的關係」，是促進雙方瞭解的第一步。實際上，長年累月地領人家薪水做事，不可能連一次罵也沒挨過。你應該善加利用這樣的機會，磨練自己挨罵的技巧，從而在上司眼中留下良好的印象。

日本大企業家福田在做服務生的時候，常被老闆小松責罵。福田卻因此得到許多啟示，所以他當時總是「主動」找罵挨。只要遇見小松，他絕不會像其他怕挨罵的服務生那樣逃之夭夭，總是恰到好處地把握機會，立即趨身向前，向小松打招呼，態度誠懇地請教：「早安！請問社長，您看我有什麼地方需要改進嗎？」

每一次，小松都會對他指出許多需要注意的地方。福田在聆聽訓話之後，必定馬上遵照社長的指示，改正自己的缺點。

福田殷勤主動向小松請教，是因為他深知年輕資淺的服務生很難有機會直接和老闆交談，只有如此把握機會。而且，趁著老闆視察工作時請教，正是向老闆推銷自己的最佳時機。所以，小松對福田的印象比任何人都來的深刻，對福田有所指示，也總是親切地直呼他的名字，耐心地告訴他什麼地方有待改進以及如何改進等等。

就這樣，福田每天主動又虛心地向小松討教，持續了兩年。有一天，小松對福田說：「我長期觀察，發現你工作相當勤勉，值得鼓勵。明天開始，我請你擔任經理。」就這樣，十九歲的服務生一下子跳升為經理，待遇上當然也提高很多。

從福田成長的經歷來看，待人處事，特別是在與上司接觸的過程中，被上司訓斥，就是在接受另一種形式的教育。對於小松一年三百六十五天的個別指導，福田至今仍感懷不已。

人都有自己的個性，誰也不願平白讓人數落。在被人訓斥的時候，即使當場不發作，臉上也總是火辣辣地發燒。厚黑教主李宗吾指出：臉不厚，聽不得別人訓斥的人，不會有什麼大的作為。因此，被訓斥時，要認真專注地聆聽，聽完以後，更要面帶笑容，以愉悅的口吻回答：「是的，我已經知道了，我現在馬上就去做。」

狐狸是很聰明的動物。但因牠沒有力氣，個子矮小，因此處境不利。在森林中，狐狸得不到尊敬，沒有哪隻動物真正把牠放在眼裏。為了克服這一點，狐狸想出一個辦法——說服老虎與牠作朋友。通過與力大無比，令人敬畏的老虎密切交往，狐狸可以伴隨老虎左右，在叢林中四處行走，享受到全體動物給予老虎的提心吊膽的尊敬。即使老虎不在牠身邊，所有的動物也知道牠與老虎的交往甚密，這就足夠保證牠在曠野中的平安生存了。

狐狸若沒有與老虎交上朋友，牠還可以製造一種跟老虎密切交往的假象，小心翼翼地跟在老虎後邊，並時時大吹大擂他們之間有著深篤的友誼。這樣做，他便製造一種印象——他的安危得到老虎極大的關注。這種作法，便是典型的「借光」。

雖然「借光」的處世策略由來已久，但我們略加留意就會發現，傳統上對借光的評價似乎並不高，而且為君子所不齒。但《厚黑學》中屢屢強調，將它用到待人處事中，不失為非常高的一招。

7 正話反說，把「球」踢給對手

面對競爭，如果你的實力比對手強大得多，當然可以泰山壓頂，一舉全殲。但是如果對手十分強大呢？以硬對硬，即使勉強取勝，自己也難免身受重傷。甚至，對手的實力若遠強過你，又該如何？特別是平時整天面對的不是敵人，而是朋友、友軍或需要長期維持友好關係的同事，這時更不能採強硬手段。怎麼辦？俗話說：滴水可以穿石，柔竹能敵強風。不能採強硬手法，不妨來個綿力相迎，以柔克剛，一軟到底，把球踢給對方。

唐代宗廣德二年（七六四年），安史之亂剛剛平定，僕固懷恩卻又在北方糾眾反叛，屢屢攻城奪野。代宗只好任命聲望卓著的郭子儀為副元帥，率軍平叛。郭子儀令其子郭晞以檢校尚書的身分兼行營節度使，屯兵邠州。邠州地方的一些不法青年紛紛在郭晞的名下掛名，然後以軍人的名義，大白天就在集市上橫行不法，有人不滿足其要求，即遭毒打，甚至將懷孕的婦人活活打死。邠州節度使白孝德因懼怕郭子儀的威名，對此提都不敢提一下。白孝德的下屬涇州刺史段秀實感到此事關係到朝廷的安危和郭子儀的名節，便毛遂自薦，請求處理此事。白孝德立即下文，令他代理軍隊中的執行官都虞侯。

段秀實到任不久，郭晞軍隊中有17名士兵到集市上搶酒，重傷了釀酒的工人，打壞了酒場許多釀酒器皿。段秀實下令把他們統統抓來，砍下他們的腦袋，掛在長矛上，立於集市示眾。

郭晞軍營中所有的軍人為之騷動，全都披上盔甲，準備將段秀實亂刃分屍。在此危急關頭，段秀實不僅沒有驚慌失措，反而解下身上的佩刀，選了一個年老而且行動不便的老兵為他牽著馬，徑直來到郭晞軍營門口。

聽說段秀實竟敢前來，披甲帶盔的士兵都擁至營前。段秀實含著笑，邊走邊說：「殺一個老兵，何必披甲帶盔，如臨大敵？我頂著頭顱前來，要郭尚書親自來取！」全副武裝的士兵見對方一老一文一匹瘦馬，都驚愕不已。本以為要進行一場硬拼，眼見對手如此文弱，反而紛紛讓路。

段秀實見到了郭晞，不提軍紀卻正話反說，從維護郭家的功名談起：「郭副元帥的功勞充盈於天地之間，您是他的兒子，卻放縱士兵大肆暴逆。如果因此而使唐朝邊境發生動亂，這要歸罪於誰呢？動亂的罪過無疑要牽連到郭副元帥。而今邠州的不法青年紛紛在您的軍隊中掛了名，藉機胡作非為，殘殺無辜。別人都說您郭尚書憑著副元帥的勢力，不管束自己的士兵。長此以往，郭家的功名還能保存多久？」

郭晞本對段秀實自作主張，捕殺他的士兵，心存不快，對士兵的激憤情緒聽之任之，想看看段秀實到底有多大能耐。現在見段秀實完全不做防備地闖進軍營，說出一番保護郭家令名的話，便一改原來的強硬態度，反覺得弱小的段秀實必須善加保護，以免被手下因憤而殺。他趕緊對段秀實拜了又拜，說：「多虧您的教導。」隨即喝令手下解除武裝，不許傷害段秀實。

段秀實為讓郭晞下定決心管束軍隊，又說：「我到現在還沒有吃晚飯，肚子餓了呢。」吃完飯，他又說：「我的舊病發作了，需要在您這裏住一宿。」

就這樣，在只有一名老兵守護的情況下，段秀實坦蕩蕩地睡在充滿敵意的軍營中。面對不帶絲毫惡意的段秀實，郭晞害怕憤怒的軍人肆意殺之，心裏十分緊張。於是，他告訴巡邏值夜的士卒嚴加防範，確實保護段秀實的安全。

第二天，他甚至陪同段秀實，去向白孝德謝罪。大軍由此整治一新。

段秀實的職責本來就是負責整肅軍紀的都虞侯，可面對大權在握並深受皇寵的郭子儀之子，如果他硬來，恐怕早被亂兵剁成了肉醬。既要整頓軍紀，又無從下手，處此兩難境地，許多人可能早就束手無策了，段秀實卻巧妙地正話反說，把「球」踢給對方，讓郭晞覺得他完全是為郭家著想，從而使矛盾圓滿解決。

8 硬話軟說，讓自己的舌頭打個彎

待人處事，特別是在上班族的公務活動中，社會組織或個人常常要向公眾或自己的合作者、下級等提出一些強制性的要求和規定。這當中，有的是非強制性的，具有一定的通融性和彈性。比如大家可以對本單位的年度計畫提出修改意見等。

如果把語義具有強制性，語氣強硬，不具彈性的語言叫作硬性語言，語義不具強制性，語氣柔和，具有彈性的語言就可以稱為柔性語言。柔性語言用的是規勸或協商的口吻，它傳遞的信息內容通常體貼、關懷、尊重等感情色彩，因而易於讓人接受和執行。硬性語言用的則是命令、禁止、警告等口吻，容易使人生逆反心理，說話的目的反而不易實現。因此，待人處事，應當多用柔性語言。即使在不得不使用硬性語言的情況下，也要盡量做一些柔化處理，硬話軟說，使之呈現出體貼、關懷、尊重等感情色彩，從而讓人心悅誠服地接受和執行。

在待人處事中，一些帶有強制性或約束性的要求，直接說往往不太容易被人接受。換一個角度，就可以變成一種善意的提醒和關照。用提醒和關照的方式，能使硬性規定和要求變得柔和而又充滿人情味，從而讓人欣然接受和執行。

掌握硬話軟說的技巧，對於握有一定權力的管理人原來說，顯得尤為重要。因為，若能讓下屬心甘情願地對自己言聽計從，使部門的工作有聲有色，什麼時候任務都完成得漂漂亮亮，又何愁自己的前程不呈現一片光明……

理論上說，待人處事，應該做到坦誠，不說假話。而且，現實中，一般人口頭上也一向把直來直去的性格視為一種美德，備加讚賞。你隨便問一個朋友：「你喜歡什麼性格的人？」他多半會回答：「性格爽直，說話從不拐彎抹腳，直來直去的人。」

做老實人，說老實話，應該是待人處事的一條準則。但直炮筒子未必受歡迎。中國人的行為模式很特殊，最明顯的一點就是：表面上一套，實際上可能是「意在言外」。換句話說，就是嘴上說喜歡「直來直去」，內心深處卻不喜歡。當某人回答「不」的時候，未必真的是「不」，很可能只是礙於面子，以拒絕拿拿架子，擺擺譜。而第二次再懇求他時，他可能就同意了。反過來說，當某人說「好」的時候，也未必就表示同意，或許只是不願當面給你難堪罷了！

明白了這個道理，也就能了然於為什麼許多事，上司說「研究研究」之後便沒了下文；為什麼對上司「直來直去」的人，不僅難以獲得上司的滿意，反而會因此而遭到打擊、報復。

要之，想在待人處事上獲得成功，必須懂得察顏觀色，善加分辨，認清人家是真要你開口，抑或只是禮貌性的客套。說話時最好巧妙地拐個彎兒，千萬不要「亂放炮」。因為每個人都需要自尊，需要面子。直來直去，實際上就是「不給面子」，難免導致雙方關係破裂，甚至反目成仇。

朱元璋稱帝後，要冊封百官。可當他看完了花名冊，心裏泛起了愁。因為功臣有數，但親朋不少。封吧？無功受祿，群臣不服；不封？面子上過不去。

軍師劉伯溫看出他的難處，又不敢直諫。一來怕得罪皇親國戚，惹來麻煩；二來又怕朱元璋受不了，落下罪名。最後，他想出一個方法：他畫了一幅人頭像，人頭上長著束束亂髮每束髮上都頂著一頂烏紗帽，獻給朱元璋。

朱元璋接過畫，細品其味，忽然哈哈大笑道：「師畫中有話，乃苦口良藥。真可謂人不可無師，無師則愚；國不可無賢，無賢則衰！」

原來，劉伯溫畫中之意是：「官（冠）多法（髮）亂！」

劉伯溫此舉，不但未傷害到朱元璋的面子，不犯龍顏，還道出了諫言：官多法必亂，法亂國必傾，國傾君必亡。畫中有話，柔中帶剛。這正是待人處事中高明的「說話會拐彎兒」，能使聽者體會出話外之音，達到預期的目的。

9 投其所好，多說好聽話

「說話」——是一個人待人處事必須使用的交流工具。從早晨睜開眼睛起，一天中的每一件事，都需要用語言推動。因此，每一個字，每一句話，都會影響你的成功與否。善於說話，小則可以歡樂，大則可以興國。

雖然大多數人都能開口說話，話說得好的人卻不多。說話並不見得比寫文章容易。文章寫好了可以修改，一句話說出，想修改，比登天還難。正所謂：「說出去的話，潑出去的水。」

正因為如此，《厚黑學》才特別提醒：在待人處事中，應該「投其所好」，多說一些好聽話、順心話。

有的人為了留給別人一個好印象，保全自己的面子，或是給對方一個臺階，往往在人家提出要求時，不加揀擇，全然接受，結果弄得自己難受不已。

當然，《厚黑學》並不是一味地反對幫助別人，只是說，不要對人家的一切要求都毫無條件地允諾幫忙。首先，必須考慮對方提出的要求是否合理，會不會影響到自己的利益。即使對方提出的要求合情合理，如果影響到自己的利益，也不能答應。對方的要求既不合理，又影響到自己的利益，那無論是多麼親密的朋友，也不能答應。

話說回來，對方提出合理的要求，你是否一定都得答應呢？也不見得。因為許多事並不是你想辦就能辦到的。有時候，受各種條件、能力的限制，有些事很可能完成不了。因此，當朋友提出托你辦事的要求，你首先得考慮，這事你是否有能力辦成。如果辦不成，你就得老老實實地說：我不行。這時，如果臉皮厚不下來，隨便誇下海口，或礙於情面，不好意思拒絕，那可就要陷入爛泥了。

言而有信是做朋友的信條，也是友誼的基礎。明明辦不成的事卻承諾下來，到時候不僅令人失望，還可能耽誤朋友的事。因為如果你辦不成，他可找別人辦或另想其他法子。你答應了，卻沒有辦成，就會傷了情義。這就是臉皮薄落下的苦果。

一般來說，拒絕人家的要求也的確不容易。日本一所「說話技巧大學」的一位教授說：「央求人固然是一件難事，當別人央求你，你又不得不拒絕時，亦叫人頭痛萬分。因為每個人都有自尊心，希望得到別人的重視，同時我們也不希望別人不愉快，因而也就難以說出拒絕之話了。」

如果你精研《厚黑學》，就不會碰到這種困難。因為當你仔細斟酌，知道答應對方的要求，會給自己帶來傷害，肯定不會為了面子上過得去，去幹違心之事。此時，為了在拒絕對方不適宜的要求時又不致傷害對方的自尊，就得留心自己的措辭：

1・柔中帶硬的拒絕——有些請求明顯荒謬，拒絕的形式仍要力求婉轉。但拒絕的意向要表達得堅定、明確，不要讓對方抱有絲毫不切實際的希望。當老師的人，每個學期期末考之前，都很難熬。因為很多學生會以各種藉口或方式來打聽考題，希望老師高抬貴手「放風」。但這是原則問題，絕不能答應。遇到這種情況，富有經驗的老師會說：「我也當過學生，當學生的怕考試，古今中外莫不如此。因此，同學們的心情，我完全可以理解。但是，十分抱歉，同學們的要求，我絕不能答應。如果在復習中有什麼疑難問題，我倒是十分樂意和同學們一起研究。」

2・彬彬有禮的拒絕——拒絕人時，應該以平靜而莊重的神情講話。因為，對客氣的拒絕，一般人很難非議。

一個你不喜歡的人要請你吃飯，你不願去。這時，如果直截了當地回絕：「不，我要回家了！」必然令對方下不了臺。相反，儘管心裏一百二十個不願意，仍然笑容滿面、彬彬有禮地說：「很感謝你的盛情。不過，十分抱歉，前天有幾位老同學已經約好了，所以今天無法接受你的美意了。」由於你提出了一個對方無法反駁的理由，對方也就多半相信，你真的無法和他一起吃飯，只好作罷。由於你拒絕的時候先感謝了他，維護了他的自尊心，他也就不會責怪你了。

3．提出反建議——如果你想避免生硬的拒絕，可以提出一個相反的建議。但要提得合情合理。

你的一位同事想把本來應該由他完成的任務轉嫁到你頭上，也許你會出自本能地答稱：「你的事，我可幹不來！」這不太好。此時你不妨這樣說：「我很願意幫你的忙！但實在不湊巧，我手頭上自己那份工作還沒幹完。依我看，你是完全可以勝任的。或許我能幫你幹點別的什麼？譬如說，我今天要上街買點東西，能順便幫給你帶點什麼嗎？」這樣，既婉轉拒絕，又提出一個反建議，對方還能說什麼呢？

4．不必說理由——通常情況下，在拒絕別人的問題上還存在一個誤解，就是：必須說明理由。實際上，在很多場合下，根本不必說明理由。而且，理由很可能說不清楚，或遭對方反駁，那就可能節外生枝，事與願違了。

有個經常借錢不還的人來向你借錢。你可以很客氣地拒絕他：「實在對不起！我真的幫不上你這個忙。」明確表示無意借給他錢就行了，別的一個字也不用講。如果他繼續纏住你，你把已經講過的話再客氣地重覆一遍就行。假如你在拒絕之前進行一番解釋，很可能引來新的麻煩。

10 打人不打臉，揭人不揭短

太祖朱元璋出身貧寒，做了皇帝之後，自然少不了有昔日的窮哥兒們到京城找他。這些人滿以為朱元璋會念在昔日的情分上，給他們封個一官半職。誰知朱元璋最忌諱別人揭他的老底，損傷自己的威信，因此，對來訪者大都拒而不見。

有一位朱元璋兒時一塊光屁股長大的好友，千里迢迢從老家鳳陽趕到南京，幾經周折，總算進了皇宮。一見面，這位老兄便當著文武百官，大叫大嚷起來：「哎呀，朱老四，你當了皇帝可真威風呀！還認得我嗎？當年咱倆可是一塊兒光著屁股玩耍，你幹了壞事，總是讓我替你挨打。記得有一次咱倆一塊偷豆子吃，背著大人，用破瓦罐煮。豆還沒煮熟，你就先搶過去，結果把瓦罐都打爛了，豆子撒了一地。你吃得太急，豆子卡在嗓子眼兒，還是我幫你弄出來的。怎麼，不記得啦？」

這位老兄在那兒喋喋不休，嘮叨個沒完，寶座上的朱元璋卻已坐不住了，心想：此人太不知趣，居然當著文武百官的面揭我的短，讓我的臉往那兒擱？盛怒之下，他下旨說這人瘋了胡言亂語，而把這個窮哥兒殺了。這就是揭人之短的下場。

在待人處事中，場面話誰都會說，不是每個人都能說得恰到好處。一不小心，就可能踏進言語的「雷區」，觸到人家的隱私或短處，犯了對方的忌。其實，每個人都有所長，亦有所短，待人處事的成功，一個很重要的因素就是善於發現人家身上的優點，誇獎人家的長處，而不要抓住人家的隱私、痛處和缺點大作文章。切記：揭人之短，傷人自尊，不可為！

「揭短」，有時是故意的，那是互相敵視的雙方用來作為攻擊對手的武器。「揭短」，有時又是無意的，那是一不小心犯了人家的忌諱。有心也好，無意也罷，揭人之短都會傷害人家的自尊，輕則影響雙方的感情，重則導致友誼破裂。

那麼，怎樣才能做到不「揭人之短」呢？

1・必須瞭解對方的長處，也瞭解對方的不足——這樣才能在交際中做到「知彼知己」。因為每個人都有自己的個性和習慣、需求和忌諱，如果你對交際對象的優缺點一無所知，交際起來就難免「盲人騎瞎馬」，踏進「雷區」，觸犯對方的隱私。

2・要善於擇善棄惡——多誇人家的長處，儘量迴避對方的缺點和錯誤。「好漢願提當年勇。」不光彩的一頁，最好永遠埋入淵底。若是有人拿這些不光彩的過往作文章，就等於在傷口上撒鹽，無論誰都難以忍受。

3・指出人家的缺點和不足，要顧及場合，別傷其面子。

4．巧留人家的面子——有時候，對某個人的缺點和錯誤實在無法迴避，必須直接面對，這時就要採取委婉含蓄的說法，淡化矛盾，以免發生衝突。

遺憾的是，經常有人「有理卻不會說話」，說不到點子上。切記：想把話說到人家的心坎上，除了不揭人之短之外，還要特別注意「避人所忌」。

具體而言，有以下三個方面的忌諱，應該特別注意：

1．忌主動涉及人家的隱私——客觀地說，每個人都必然有一些不願公開的祕密。尊重別人的隱私，是尊重其人格的表現。所以，與人交談，切勿魯莽地隨意提及對手的隱私。這樣，對方覺得你遵循了人際交往中的「禮貌原則」，便會樂意跟你交往。反之，假如你不顧對方保留隱私的心理需要，盲目地觸及「雷區」，不僅會影響彼此之間談話的效果，還會損害人際關係。比如，某人的戀愛、婚姻正遭遇挫折，但他不願向人透露，你若在交談中一味地刨根究柢，肯定會引起他的反感。

2．忌主動提及人家的傷感事——與人談話，要留意人家的情緒，話題不要隨意觸及對方的「情感禁區」。比如，你的交談對象正遇到某種打擊，情緒沮喪、低落，你與之交談，對方又不願主動提及傷感的事，就最好避開這類話題，以免使他再度陷入「情感沼澤」，進而影響彼此間的繼續交談和友誼。

3・忌主動提及人家的尷尬事——某人遇到一些不如人意的事，你與之交談，最好不要主動引出這一可能令他尷尬的話題。比如，他正遇上考試不及格、升遷沒能如願，或和哪個女孩交往結果不了了之等等，而他又不願主動向你訴說，你若不顧他的主觀意念而問及此事，他很可能會因此陷入尷尬，進而對你的談話產生排斥。

俗話說得好：「打人不打臉，揭人不揭短。」想與人友好相處，就要體諒人，維護人家的自尊，避開言語的「雷區」。

11 麻雀攀高枝，不要靠在一棵樹上

「忠臣不事二主，好女不嫁二夫。」在中國古代，只有這樣做，才算是忠臣烈女。甚至有很多人陪著昏庸無能的皇帝送死。《厚黑學》則教人：與其陪著沒救之人白白送死，倒不如另投明主。畢竟，「好死不如賴活著。」

按照厚黑教主的說法，「求生存者，人之天性也。」人不自私，天誅地滅。為我，就是自私。從衣食到住行，從孩提到成人，這種自私的天性都摻雜其間。既然自私是人的天性，那又為什麼不能理直氣壯地說出來？為什麼不可以堂而皇之地做出來？試問，當你與他人同時落水，你的首要之務，本能反應，除了先救出自己，還能做什麼？

行厚黑的人先從自己考慮，這是順從自己的本性。要行「厚黑之道」，就必須徹底，否則就不如不做；想作厚黑之士，就必須拋棄是非和榮辱感，只求活得舒服、活得滋潤，管他別人怎麼看、怎麼說。具體來說，就是要學會做風向標，當牆頭草，成不倒翁，哪邊風硬哪邊倒。至於到底該投靠哪顆大樹，不妨參考以下四條法則：

第一，投靠事業正處於上升階段的人。

馮道生於唐中和二年（八八二年）的一個小康之家。起初，他擔任晉王府書記，負責起草收發各種政令文告、軍事信函。不久，李存勖因朱溫建立的後梁政權十分腐敗，就準備起兵滅梁。

滅掉後梁，建立後唐以後，李存勖只重視那些名門貴族出身的人，對馮道之類沒有「來歷」的人大多冷眼相待。直到莊宗李存勖被殺，李嗣源即位，是為後唐明宗，鑒於前朝之教訓，重用有文才的人，以文治國，馮道這才被任命為相，真正發跡。

第二，要注意自己的「靠山」的可靠性。

明宗去世，兒子李從厚即位。不到四個月，同宗李從珂即興兵來伐，要奪取帝位。李從厚得到消息，連臣下也來不及告訴，就慌忙逃奔姐夫石敬瑭軍中。第二天早上，馮道及諸大臣來到朝堂，找不到皇帝，才知道李從珂兵變，並已率兵往京城趕來。馮道這時的反應大出人意料。他本是明宗一手提拔，從寒微之族被任命為宰相，按理說，此時正是他報答明宗大恩的時候，況且李從珂起兵實屬大逆不道。但他所想的是李從珂擁有大軍，且性格剛愎，而李從厚不過是個孩子，即位以來尚未掌握實權，為人又過於寬和優柔。權衡利弊，他決定率領百官迎接李從珂。

就這樣，馮道由前朝的元老重臣，搖身一變，成了新朝的開國元勳。只是，李從珂對他實在不放心，不敢委以重任，把他放到外地任官。後來覺得過意不去，又把他調回京中，給了他一個沒有多大實權的司空之職。

不久，石敬瑭同李從珂發生衝突，在契丹人支持下，打敗了李從珂，做了中國歷史上臭名昭著的「兒皇帝」。他以恢復明宗為號召，把原來明宗的官吏大多復了職。對馮道，石敬瑭既往不咎，仍授他高官。

第三，要及時對「新主人」表忠心，以打消對方的懷疑。

石敬瑭當上皇帝，第一件大事就是實現對遼帝耶律德光許下的諾言。否則，王朝就有傾覆的危險。但他自稱「兒皇帝」，上尊號於契丹皇帝與皇后，實在說不出口。據載，寫這道詔書的官吏當時「色變手戰」，至於「泣下」，受不住這一奇恥大辱。至於派人去契丹當冊禮使，更是一個既要忍辱負重，又冒生命危險的事。石敬瑭想派宰相馮道去，一來顯得鄭重，二是馮道較為老練。但他很為難，怕馮道拒絕。誰知他一開口，馮道居然非常爽快地答應了，真使他喜出望外。

其實，石敬瑭太小看馮道的厚黑絕學了。馮道十分清楚，只有結交好耶律德光，他後晉的位置才能保得穩。把「爸爸」籠絡好了，這「兒子」也就容易對付了。

馮道極其圓滿地完成了這次外交任務。他在契丹被阻留了兩個多月。經過多次考驗，耶律德光覺得這個老頭兒確實忠實可靠，決定放他回去。誰知馮道還不願回去。他多次上表表達忠誠，想留在契丹。經過多次反覆，耶律德光一定要他回去，馮道這才顯出一副依依不捨的樣子，準備啟程。

一個月後，馮道才上路，在路上又走走停停，走了兩個多月才出契丹國境。他的隨從不解地問道：「能活著回去，恨不得插翅而飛，您為什麼走得這麼慢？」馮道回答：「一旦走快，就顯出逃跑的樣子，走得再快，契丹的快馬也能追上，那有什麼用？反不如慢慢而行！」此舉也顯示出他的厚黑本色。

這趟差事圓滿辦成，馮道可真是風光極了，連石敬瑭都得巴結他，看他的臉色行事。石敬瑭讓馮道手掌兵權，幾乎「事無巨細，悉以納之。」不久，又加封馮道為「魯國公」。

第四，腳踏多隻船，以防萬一。

五代時期，政權更迭，真如走馬燈一般，令人眼花撩亂。劉知遠滅掉後晉，建立後漢政權剛剛四年，郭威就扯旗造反，帶兵攻入京城。這時候，馮道又故技重施，率百官迎接郭威。他做了後唐明宗的七年宰相，尚且不念舊恩，後漢太師只做了不到四年，更是不足掛齒。馮道率百官迎郭威進汴京，當上了郭威所建的後周政權的宰相，並主動請纓，去收伏劉知遠的宗族劉崇、劉贇等手握重兵的將領。劉贇相信了馮道，認為這位三十年的故舊世交不會欺騙他。沒想到一到宗州，就被郭威的軍隊解除了武裝。馮道為後周的穩固立了一大功。

沒過幾年，郭威病死，義子柴榮繼位，是為周世宗。割據一方的後漢宗族劉崇勾結契丹，企圖一舉推翻後周政權。馮道根據半個世紀的經驗，只道此次後周是保不住了，肯定又得改朝換代，自己雖已近苟延殘喘之年，還是要保住官位爵祿。

柴榮當時只有三十四歲，年紀不大，卻很有膽識、氣魄。劉崇、契丹聯軍襲來，一般大臣都認為皇帝新喪，人心易搖，不可輕動。但柴榮一定要親征。眾臣見柴榮意志堅定，也願意隨同出征，不再多說。只有馮道在一邊冷嘲熱諷，惹得柴榮大怒。他私下裏對人說：「馮道太看不起我了！」

其實，馮道倒不是看不起柴榮，而是想為自己在下一個什麼朝代做官留下一條後路，弄一點兒投靠新主子的資本。誰知那柴榮還真不怕邪，親率軍隊，於高平之戰中大敗劉崇、契丹聯軍。就在柴榮凱旋之際，馮道也已油盡燈枯了。

12 多鋪路，少砌牆

人與人之間，或許會結下不共戴天之仇。但在辦公室裏，這種仇恨一般不至於達到如此地步。畢竟是同事，都在為同一家公司工作，只要矛盾並沒有發展到你死我活的地步，總是可以化解的。而且，敵意是一點一點增加的，也可以一點一點削減。中國有句老話：冤仇宜解不宜結。相見就是緣分。既然同在一家公司謀生，整天抬頭不見低頭見，還是少結冤家比較有利。

你可能曾經有過這樣的經歷：本來與你關係最密切的搭擋，不知為何，突然變得對你十分不滿，不但對你冷漠得嚇人，有時你主動跟他說話，他也不理不睬。

有些關心你的同事私下探問，為什麼你的搭擋對你如此不滿？可是，你究竟在什麼時候得罪了對方，連你自己也是丈二和尚，摸不著頭腦。

直到有一天，你實在按捺不住了，索性拉著對方問道：「究竟有什麼不對？」對方只冷冷回答：「沒什麼不妥。」雙方的關係僵到這個地步，如何是好。

別急，在《厚黑學》面前，沒有什麼難題不能克服。既然他說沒有不妥，那你就乘機說：「真高興你親口告訴我沒事。但是，萬一我有不對的地方，請務必說出來，我樂意修補。我很珍惜咱倆的合作關係。怎麼樣，一起吃午飯好嗎？」

這樣，就可逼他表態。要是一切如他所言，真的沒事，共進午餐是很禮貌的行為。或者，邀他與你一起吃下午茶。在你離開辦公室時碰上他，開心地跟他天南地北，神聊一番。總之，充分發揮厚臉的威力，儘量增加與他聯絡的機會，友善對待。

假如你另有高就，準備遞交呈辭，肯定心裏會想：那幾個平時視我的痛苦為快樂的同事一定很開心。如果趁此時向老闆靠他們一狀，豈不大妙？

果真生此念頭，奉勸你要三思而後行！

因為世界很小，說不定今天被你告狀的同事，明天也會成為你新公司的同事，你將如何面對他？豈非陷自己於危險境地？要是對方的職位比你高，就更加不妙。所以，何必自設絆腳石呢？

此外，同行雖然是冤家，但同行間的往來必定不少，你原公司的上司沒準正跟你新公司的上司是好朋友，一旦將你背後打小報告的情況相告，你以為你在新公司的前途會怎樣？因為所有上司都不會喜歡亂打小報告的下屬。他們會想，整天忙於偵察人家的缺點，還有多少時間花在工作上呢？

最好的辦法就是留下一個良好的形象，不要做「小人」。所謂「少一個敵人，就等於多一個朋友。」所以，開開心心去履行新職，又與舊公司保持良好關係，才是上上之策。

常言說：「多個朋友多條路，少了仇人少堵牆。」得罪一個人，就為自己堵住一條去路。而得罪一個小人，可能為自己埋下一顆不定時炸彈。得罪君子，了不起大家不講話，得罪小人可沒完沒了。他即便不採取報復行動，也會在背後對你造謠中傷，你有理也變無理，實在不值得。

之所以強調「不輕易」得罪人，當然也是有道理的。當事有不可忍、正義公理不能伸張時，還是要發雷霆之怒的，否則就是非不分，黑白不明了。除了這一點，還是不得罪人好。

當然，工作中，誰也難免與人發生一些不愉快的事，產生一些磨擦和碰撞，引起衝突。這時候，如果處置不當，就會加深裂痕，陷入困境，甚至導致雙方關係徹底破裂。特別是與上司發生衝突，問題就更複雜了。善於給自己留下後路的人都懂得「冤家宜解不宜結」的道理。

具體來講，「和解」主要有以下一些方法：

1．引咎自責，自我批評——心理素質要過硬，態度要誠懇。若責任在自己，就應勇於承認錯誤，進行道歉，求得諒解。如果主要責任在上司一方，只要不是原則問題，就應靈活處理。因為目的在於和解，下屬可主動靈活些，把衝突的責任往自己身上攬，給上司一個臺階下。

2・丟掉幻想，主動搭腔——不少人都有這樣的體驗：與某人吵架之後，見了面，誰也不先開口。實際上，雙方都在期待對方先講第一句話。身為下級，遇到上司，特別是有了隔閡之後，更應及時主動搭腔問好，熱情打招呼，以消除衝突所造成的陰影，並給上司或公眾留下一種你不計前嫌，胸懷大度的印象。

3・不與爭論，冷卻處理——下屬與上司發生衝突，必須不計較，不爭論，不擴散，把不舒服的事擱下，在工作中一如既往，該彙報仍彙報，該請示仍請示，就像沒發生過任何事一樣。

4・請人斡旋，從中化解——找一些在上司面前談話有影響力的「和平使者」，帶去自己的歉意，並做一些調解說服的工作。

5・避免尷尬，電話溝通——打電話解釋，可以避免雙方面對面交談可能帶來的尷尬。打電話時，要注意語氣應親切自然。不管是由於自己的魯莽造成碰撞，還是由於上司心情不好引發衝突，都可利用這個現代化的工具，透過聲音解釋。

6・把握火候，尋找機會——當上司遇到喜事、受到表彰或提拔時，身為下級，應及時前去祝賀。這時上司情緒高漲，精神愉快，適時登門，他自然不會拒絕，並會認為這是對其工作成績的同享和人格的尊重。

話說回來，如果下屬遇到的是不近情理、心胸狹窄、蠻橫霸道的上司，大搞順者昌，逆者亡，把下屬的頂撞視為大逆不道，必欲將其置於死地，處於如此環境、如此高壓之下，就沒什麼值得留戀，不必抱什麼希望了。這時就應當機立斷，毫不猶豫地「三十六計走為上」了。

ch.2

不要賣弄，那不能墊高你自己

《厚黑學》不僅鼓勵世人說假話，而且教人要善於把假話當成真話說。即使實際情況和你說的有距離，只要你厚起臉皮，把假話當成真話說，效果肯定不會錯。可是要注意一點，不要把對手當傻瓜而賣弄自己。

1 發自內心說好假話

想受人歡迎，就要時刻注意給人家留下面子。因為只有給人面子，才能為自己爭得更多東西。不給人留面子，到頭來很可能連自己的面子也丟得一乾二淨。要給人留面子，就需要說假話。大多數情況下，「忠言」都是不給人留面子的。正因為「忠言逆耳」，歷史上才有那麼多忠臣良將不得好下場。即使像唐太宗那樣偉大的皇帝，也數次被諍臣魏徵的「忠言」氣得發抖，幾次要殺了這個可惡的「魏老道」。要不是有長孫皇后，恐怕十個魏徵也早就沒命了。

不錯，偶而直言不諱，一針見血地道出友人的弱點及短處，確實會有另一番效果。對方可能因而聯想：「這人頗有骨氣，滿有性格的嘛！」使你意外地獲得好評。不過，對方不一定是個肚裏能撐船的人，倘若他只是個平凡之輩，奉勸你還是將那些直言、不中聽的真話擱住，以免對方生厭，弄得雙方都不好受。

總之，說真話的時候，必須考慮對受話者的容忍程度和發言時機。即使是經常見面並且性情溫厚的上司，當他身體狀況欠佳或情緒低落，千萬謹言慎行。這時，一點點令人不悅的真話，都足以使對方勃然大怒，肯定會波及將來人事方面的考核！

再者，對於初次見面或不常見面的人，千萬不可貿然說些直言不諱的真話。因為你的真話若正好犯了對方的忌諱，他對你來個不理不睬，你很可能連個解釋、道歉的機會都沒有。禍從口出。少講令人不悅的話，對你總有好處。

日本有一家關西藥房，藥房老闆特別善於「給人面子」。不管是真話還是假話，只要從他嘴裏說出來，總是那麼動聽，因而藥房生意興隆。每當顧客一上門，他就馬上起身相迎，滿臉帶著笑容，客氣地打恭作揖說「歡迎光臨」，使進店的顧客感到心情愉悅。接下來，這藥房老闆開始發自內心地說他的假話。例如，對年紀大的人，就說：「你看起來真年輕！」對愛美，喜歡打扮的小姐、太太，說些「你身上穿的這套衣服很漂亮」之類令人聽了舒服又溫馨的話。

此外，這老闆還採取了一種怪異的經營手法：「不賣藥給來買藥的顧客」。當顧客被客氣地招呼過，渾身舒坦地說：「請給我一瓶感冒藥。」此時，這老闆絕不會立刻遞上感冒藥，而是改口說：「您是哪裡不舒服？」倘若顧客回答：「喉嚨痛。」他馬上會接著說：「這樣的話，最好不要服用感冒藥。」

顧客一定對他不賣藥的舉動大感疑惑：「那麼，應該如何才好？」

他迅即回答：「與其吃藥，不如以營養劑強健身體，增強自身的免疫力，對你更有好處。」

就這樣，這藥房老闆輕而易舉地說服顧客轉而購買維他命或蜂王漿等營養品。顧客因為他方才巧妙地給過自己面子，也就欣然接受建議。況且，營養劑給人的印象，的確比藥品來得好。

各位讀者看到這裏，必會拍案叫絕吧！營養劑的價錢高過藥品數倍，而且，對於治感冒來說，其功效肯定比不上感冒藥。但是，由於這藥房老闆的假話說得態度誠懇，令顧客信服，他賣出了很多營養劑，藥房的生意紅火極了。原先不知道如何說假話的，你現在應該清楚如何發自內心地說好假話，以及為什麼要學會說假話了吧！

要說好假話，最關鍵的是假戲真做，態度誠懇，不要犯聽者的忌諱。倘若你漫不經心，即使說的是令人聽起來愉悅的話語，聽的人也可能非但不接受你的心意，反而產生你很虛偽的不良印象。因此，誠懇認真的表情是抓住聽者心理的重要策略。縱然你說的話完全與事實不同，是真正的假話，只要你表達得極具誠意，聽的人仍會相信這是你的由衷之言，自然會對你產生良好的印象。

在人際交往中，想處處順暢，必須掌握好說話的分寸。任何人說話時，其語言、表情、聲調等都會傳達出某種特定的意義，用錯一個字、一個詞、一個聲調，都會產生不良的效果。即使開玩笑的時候，也不例外。開玩笑開得重了點，就可能帶著嘲諷的意味，引發雙方的不快。因此，說話時應該經常考慮：為什麼有的人常常被誤解，本是想安慰人，反而惹起人家的反感，原意是讚美人，反而使人感到刺耳，原意是要跟人和好，反而引發爭鬥？產生上述情況的原因很多，最重要的一點是說話沒有分寸，用了不適當的詞句，使聽者產生誤會。

有這麼一個人，說話時，聲調一向很冷很硬。即使他心裏對人充滿溫暖和同情，但話一出口，便像經過快速冷凍一樣，變得硬邦邦地。因此，他的許多表達，人家聽起來都像是冷言冷語，甚至是諷刺、挖苦，至少也覺得他的話並不是出自真心。

掌握說話的分寸，既不能過，也不能不到位，只說三分話。譬如進行專題討論時，輪到你發言，你就把所想到的問題說出來好了，不必故作謙虛。你跟女友相處還不到三天，就山盟海誓，說你是多麼多麼愛她，這就是未掌握分寸。反之，你們已苦戀了幾年，對方在等你說「我愛你」，可你就是說不出口，結果可能因而失去一個最愛你的人。這也是未掌握到分寸的表現。

厚臉說話要有分寸，該說的一定要千方百計說好，不該說的千萬不要說。那麼，什麼該說，什麼不該說？這要根據具體說話的內容、場合、氣氛及對象的情況而定。

2 在第三者面前讚美他人

祕密在說出之後，就不成其為祕密。我們常在許多場合，聽過或者說過：「我告訴你一件祕密，你可不能再告訴別人！」我們總是天真地認為聽者會保守祕密。殊不知，隱藏不住祕密是一般人的常情。更糟的是，祕密終究會傳到當事者的耳朵裏。

倘若傳遞的事件關係到個人名譽，其影響力必然非同小可。如果這祕密是惡意的抨擊，在說出時，連聽話的人也極可能對你產生不安，懷疑你這種人在他處也會採取同樣的行動誹謗他。至於傳到當事者耳朵裏的後果，當然更不用說。

看到這裏，你或許會反問，如果以「我告訴你一件祕密，你可不能再告訴別人」的方式間接表達讚美之詞，是不是能獲得比預期更好的效果？答案是肯定的。利用這種人性的弱點，將稱讚之詞傳出去，的確是恭維人的良方。據心理學的研究，背後的稱讚比當面讚美，更能獲得當事人的歡欣。

好話誰都願意聽，表揚更是一種很讓人陶醉的精神享受。你不妨大方點，多說些讚美之言吧！人們總是期望別人對他們能夠有個高度的評價。你對他們評價越高，他們對你的評價也就越高。而且，為了爭取讓你給予他們更高的評價，他們會做出更大的努力。曾經橫掃歐亞大陸的一代戰神拿破崙就非常精於此道。

某次，在防禦作戰中，義大利軍團兩個屢立戰功的團隊因士氣不振而丟失陣地。拿破崙將這些表現動搖的士兵集合在一起，用悲憤的聲調說：「你們不應輕易丟掉自己的陣地！光榮的義大利軍團不應是這樣的品質！」說著，他命令身邊的參謀長在這兩個團的軍旗上寫上一句話：他們不再屬於義大利軍團。士兵們羞愧難當，哭著請求拿破崙暫時不要寫這句話，再給他們一次立功贖罪的機會。此後的作戰中，這些士兵個個奮勇衝殺，終於保住了自己的榮譽。

讚揚是一種非常高超的駕馭手段。如果你經常發自內心地讚揚人，你就為往後對他們施加影響打下了基礎，你對他們提出批評，他們就會欣然接受。

上司的讚揚不僅可以滿足下屬的榮譽感和成就感，表明了對下屬的肯定和賞識，還表明了上司對下屬的一言一行、一舉一動都很關心。人總是喜歡聽好聽的話。即使明知說者講的是奉承話，心裏還是免不了會沾沾自喜。這是人性的弱點。

讚美是一門學問，其中奧妙無窮。最有效的讚美是在第三者面前讚美下屬。這種方法不僅能使下屬愉悅，更具有表現出真實感的優點。假如有一位陌生人對你說：「我的朋友經常對我說，你是位很了不起的人！」相信你感動的心會油然而生。

美國前總統羅斯福有一個名叫布德的副官，他對如何讚美曾說過非常深刻的見解：「背後讚美人的優點，比當面恭維更為有效。」這是一種很高明的讚美技術。

你直接讚美下屬，對方極可能以為那是應酬話，目的只在於安慰他。若是透過第三者傳達，效果便截然不同。此時，當事者必然認為那是真誠的讚美，毫無虛偽，於是痛快接受，感激不已。在深受感動之下，這位屬下會更加努力工作，以報答你的「知遇」之恩。

德國的鐵血宰相俾斯麥為了拉攏一個敵視他的議員，便有計畫地對第三者讚揚這位議員。他知道這第三者聽了之後，肯定會把他的話傳給那個議員。後來，他與這個原來的政敵果真成了無話不談的政治盟友。

《厚黑學》是一門人人心裏喜歡嘴上卻痛罵的處世絕學。厚黑得不夠的人，往往在他人一兩句話之下便臉紅心虛。真正的厚黑高手因為已厚到無形，所以不會臉紅；又因為心肝已黑得通體透亮，所以也不會心虛。因此，他們不但笑罵任由他去，還能不動聲色地替對方幫腔笑罵。

將厚黑功法修煉到極至的人，什麼低三下四的事都能做得出來，根本不會考慮別人的看法，面對別人的侮辱和嘲笑，總是以平常心待之。

3 上司家的狗比你高

如何討上司的歡心？除了高捧，給上司面子的方法，還有一個很有效的訣竅——「貶低自己」。說通俗點，就是別把自己當人看。當然，這需要臉皮厚到相當程度的厚黑高手才行。

你小時候一定乘坐過翹翹板吧！如果一邊著地，翹翅板的另一邊肯定蕩在高空。可以把這種「翹翹板原理」應用在待人處事上。亦即適時地貶低自己，相對地捧高上司。即使是「不擅言辭」或「不擅於稱讚」的人，也能輕而易舉地使用這種方法，達到高捧他人的目的。

須知，輕視他人，對自己絕無半點好處。因為你刺傷某人的自尊心，他必定極自然地對你產生反感與敵意。影響所及，你的人際關係可能一落千丈，連帶造成你事業發展的不順利。

比方說，你去參加某一店鋪的開幕儀式。即使那是一家沒什麼特色的店鋪，你也應該依具體情況，為儀式增添些喜慶氣兒。此時你便可以通過貶低自己，捧高對方：

「這店鋪看起來真不錯，室內裝潢也很考究。不像我經營的那家店，門沒做好，窗戶也是一大一小。」

這樣將雙方做具體的比較，技巧性地自慚遜對方一籌，對方將因被你高捧而產生優越感，心中的舒坦自是可想而知。

反之，如果你以輕視的口吻對主人說：「店鋪的櫃檯再寬一點會比較好。下次整修時可要記住啊！」將心比心，對方在店鋪的開幕儀式上聽到這樣毫不客氣的批評，一定大感不悅，從此對你產生敵意。這就是不諳待人處事之道所要承受的後果。

筆者非常熟悉的一位公司總經理是很有成就的企業家，儘管他擁有名牌大學的碩士學位，卻經常對人說：「我僅有小學畢業的學歷。」他之所以如此貶低自己，無非是要讓別人在心理上產生平衡感，覺得輕鬆。

在待人處事中，巧妙運用「貶低自己」的訣竅，抬高對手的地位，給人面子，肯定會成為受歡迎的人。

「貶低自己」的手法，在下級與上司的相處中特別管用。運用此法，不光對上司本人、家人要捧，就是上司家的狗，也不能輕看。在自己心裏一定要默念：「上司家的狗比我高，上司家的狗就是比我高！」能做到這一點，相信成功便離你不遠了。

為什麼特意強調要看重上司家的狗呢？因為許多人對自己所養的寵物總是百般呵

護，即使不是良種名犬，依然視為至寶。對待寵物就像疼愛子女，滿懷耐心與愛心，為牠們洗澡，帶牠們出外溜彎兒，這種情感不是外人所能體會得出。

所以，你必須懂得，要討好上司，對象絕非僅僅是上司及他的家人。即使你心中暗想：「那只不過是一條狗！」也不可對上司家寵愛的小狗敷衍。尤其是到上司的家中拜訪時，更須牢記與上司家飼養的動物打聲招呼。

有這麼一位在某局行政科當副科長的人，他曾經因為不瞭解局長家寵物的重要性，犯了極大的錯誤。

那局長家中飼養了一隻嬌小可愛的白色「京巴狗」（即北京犬）。不知為何，每當他到局長家拜訪時，這隻小「京巴兒」總是懷著惡意，對他狂吠。為此，他對這條狗當然非常反感。

一天，他前去拜訪時，恰好局長家中無人。他乘機將這條狗帶至郊外，一面指著狗怒罵：「你這隻可惡的傢伙！」一面對牠拳打腳踢，把平日所積壓的不快一古腦兒全發泄出來。

機關裏一個小小的副科長比鑽到風箱裏的老鼠好不到那兒，其中辛酸，不足為外人道矣！也許是因為平日在單位中受到太多壓抑，才會把小狗當作出氣筒。

那隻「京巴兒」自從被毆打之後，對他更是敵意熾烈。此後每當他前來造訪，總是狂吠不停，直至他離去方止。

對「京巴兒」深愛有加的局長夫人覺得事情不對勁，便詢問他：「你對我家的小狗做了什麼事，為什麼牠老是衝著你叫？」這位副科長心中暗想：「充其量不過是一條狗嗎，沒什麼大不了的！」便一五一十，坦白地道出原委。

不消說，他從此倒了大楣。等到他徹底明白「雖然那只是一條狗，卻是一隻有來頭的狗」時，事態已無可挽回。

昔日讚歎他有才幹、懂進退的局長和夫人，自從發生了這件虐待動物的事件後，便給他冠上「偽君子」的名號，對他的印象大為扭轉。當然，這個「京巴兒事件」也波及到他日後仕途上的升遷。直到局長離休前，八年時間裏，雖然他沒少「孝敬」，卻始終停留在副科長的位置上。

此期間，原來在他手下的兩名科員，一個當上了副處長，另一個則成了他的頂頭上司，當上了科長。

幽默大師林語堂先生曾做過一段很有意思的分析：「越來越多的女人要求自己的權利，可中國一向就是一個女權社會。在中國，女人的權力其實大得不得了！因為人們都知道女人管理家庭事務，正所謂『男主外，女主內』嘛。可誰又知道女人在管理家務的同時，往往連自己的男人也一併管制了。」

女人管理自己的男人，通過男人，主宰這個世界！所以，對女人，絕不可輕視。尤其是上司身邊的女人，更不可怠慢！

在宴會或其它聚會上，碰到上司的夫人，你如何應付？頭腦簡單的職員，這時候往往只知道對頂頭上司執禮甚恭，對上司的夫人卻視如過路的老太婆，懶得跟她多講一句話，從而留給她「舉止不遜」或「不通世故」的印象。

有那麼一天，你成了某一高職位的候選人，上司夫人就會僅憑當時的不快印象，在她老公的枕邊大唱反調：「那種不成熟的人，行嗎？」

得！就這麼輕輕一撥弄，再加上上司又是軟耳根，你的晉升之議慘遭夭折，泡湯了。而你還如入五里霧中，實在搞不懂為什麼升不上去？

所以說，與上司打交道，在對上司本人尊崇有加的同時，千萬別忘了向上司的夫人敬禮。看到上司夫人，一定要心存敬意。就算沒人介紹，憑直覺知道她是上司夫人，也要自動上前誠懇致意。缺此圓熟的應對能力，你就甭想在在社會上混！

在社交場所，碰到應該上前招呼的人，居然拉不下臉面，躊躇不前，或是面對面時竟然緊張得手足不聽使喚、喉嚨沙啞。這種人，在待人處事中必定是一句「您早」都無法自然說出口的人，怎能在殘酷競爭的社會中闖蕩？

對上司的夫人，你稱讚她「愈來愈年輕漂亮」或「氣質高雅迷人」，是最高明的敬禮。即使在聽了你的讚美之後，她客氣地說：「哪裡！你過獎了！」她內心深處卻必然大為受用。

就算她長相不怎麼樣，至少在服飾、舉止、風度和修養上，有她足以傲人的地方。你只需在短短幾秒鐘內，對她發自肺腑地讚揚一番，即可大功告成。

美人向來自負，對溢美之詞會逐漸痲木。但是，姿色中等偏下的女人，如果有人一眼就發現她的長處，並在眾人面前爽口直言，她眉不飛、色不舞，那才叫怪哩！到那時，她怎可能不把你牢記在心！

4 多說「謝謝」準沒錯

「迷魂湯」是用人性的弱點熬成的，幾乎無往而不利。歷史上有很多根本沒什麼本事卻身居高位者，就因他們很擅於對皇帝灌迷魂湯；很多其貌不揚的人娶的竟是如花似玉的美人，其中有的就因為很會灌迷魂湯。因此，在待人處事中會灌迷魂湯，即使夠不著討官發財，肯定也能得到相當不錯的人際關係！

許多人不擅於表露情感，尤其是那些社會經驗不足的年輕人。滿懷謝意，卻不能大大方方地說出「謝謝你」，為什麼？究其原因，無非是不好意思，《厚黑學》修煉得不到家罷了。

其實，別人幫了你的忙，好好地表示謝意，是最基本的禮貌。試想，人家辛辛苦苦費大勁兒幫了你的忙，連你的一句謝謝都換不來，心裏會做何感想？

有一位以樂於助人見稱的董事長。一天，有位職員向他報告自己要結婚的事。董事長聽了之後，非常高興，馬上熱情地把自己一位從事房地產經營的朋友介紹給他。結果，這職員很順利地找到一幢價格不高，又特別合適的公寓作為新房。

這職員在喬遷後第二天，前往董事長的辦公室向他致謝。誰知，見了董事長，他卻支吾了老半天，怎麼也說不出「謝謝」兩個字。最後好不容易才勉強說出「前幾天麻煩你，真是抱歉」之後，便急急忙忙地退出辦公室。

董事長見到他這種表現，感到非常掃興，甚至認為自己的那份熱心有點多餘。

那職員期期艾艾，不敢吐露本意，說不出「謝謝」，完全是因為面對董事長時過於緊張，臉皮兒太薄所致。

看來，想把「謝謝」說出口，不是很容易。但倘若你清楚地把謝意表達出來，必會使聽者感到愉悅。在表示謝意時，如果周圍有人，而你的措辭過於客氣，那可能適得其反，使對方感到不好意思。依真實情況如何，決定道謝的言辭，這才是真正掌握了待人之道的精髓。

許多人不僅說不出「謝謝」，甚至連一般事情都不能清楚地表達出來。說得嚴重點，這種傢伙若不能將事情清楚表達出來，根本不可能有什麼作為！

5 拍馬屁絕不會錯

耶穌講道時曾說：「你要別人怎樣待你，就先怎樣待人。」

霍爾．凱因是一位頗具文才的作家，他的作品很有生命力。他出身卑微，只念了八年書就輟學找工作養家。不過，他很喜歡十四行詩和民謠，特別崇拜詩人但丁，也很欣賞羅塞迪的文學作品與藝術修養。

有一天，他一時興起，寫了一封信給羅塞迪，讚美他在藝術上的貢獻。羅塞迪非常高興，心想：「如此讚美我的人，一定很有才華。」於是，他請霍爾．凱因來倫敦當自己的祕書。

這是凱因一生的轉捩點。自就任新職，他和當時的文學家密切往來，得到他們的鼓勵，再加上自己的不斷努力，不久，其文學家的名聲便遠揚各地。

誠心的讚美就有這樣不可名狀的威力。凱因的馬屁可說拍到了點兒上。

在人與人的交往中，大多數人都喜歡被人拍馬屁，也喜歡自己拍自己的馬屁。

第一次世界大戰結束時，德意志帝國慘敗，德帝威廉二世頓時成為全世界都討厭的人，連自己的國民也與他為敵。正當他準備亡命荷蘭，突然收到一位少年的來信，信中充滿一片稚子之情和讚美辭：「不論別人怎麼想，我永遠愛您！」

威廉二世看了這封信，異常感動，立刻回信給這位少年，希望能和他見面。少年的母親帶著他前來晉見，意外地促成皇帝和她之間的一段美好姻緣。

由此可見，拍馬屁可以改善人與人之間的關係。實際上世上很少人能對拍馬屁無動於衷，只不過拍馬屁的技巧有高低。大文豪蕭伯納曾說：「每次有人捧我，我就頭痛，因為他們捧得不夠。」看來，高帽子人人喜歡戴，馬屁卻並非人人會拍。

「最佳的讚美就是心裏想的，由耳朵聽來。」縱觀古今人物，在拍馬屁方面，元朝末期的哈麻可謂絕頂高手。

哈麻，生年不詳。早年，他擔任元順帝的宿衛。他很善於抓住機會，所言所行無不符合順帝的心意。順帝剛一接觸到這個伶牙俐齒、說話痛快的小夥子，就覺得他特別善通人意，挺喜歡他。哈麻得到順帝的歡心，自然官運亨通，不斷被提拔，很快就當上了殿中侍御史，成了管理宮中事務的主要官員之一。

在靠其巧舌如簧的口才和善於揣摩人意的拍馬屁本領，步步高升之後，哈麻更加注意利用起自己的這個「特長」。他特別注意察顏觀色，瞭解順帝的好惡，然後投其所好，諂媚得寵。比如，見到順帝喜歡玩雙陸遊戲，他便苦心鑽研，學會玩雙陸戲的本領，然後尋機和順帝展開對弈。玩雙陸遊戲，他很有招法：見到順帝不甚高興，就輸一盤；見到順帝高興，就贏一次。當然，也有旗鼓相當的時候。這樣做，討了順帝的喜歡，弄得順帝心裏癢癢的，越發願意找他一起玩。隨著雙陸遊戲玩得頻繁，哈麻所受的寵信逐步升級，很快就超過了順帝身邊所有的人。

據《元史．哈麻傳》記載：一天，哈麻與順帝在內殿玩雙陸遊戲。哈麻穿了件新衣。順帝一邊下棋，一邊喝茶，由於全神貫注於棋盤之上，把茶水吐到哈麻的新衣上。哈麻一邊抖掉新衣上的茶沫，一邊笑著說：「做天子的就應該這樣嗎？」

在封建社會，皇帝說一不二，臣下只能諂媚逢迎，奉承順從，不能稍有違抗，哈麻雖是在說笑中夾雜著指責之意，但也被看成是敢冒天下之大不韙了。可順帝毫不介意，一點也沒生氣，只一笑而已。這足以證明哈麻同順帝的關係已是非同一般。

拍馬屁本質上是通過一種頗具處世藝術的語言，使聽者心理上大感滿足。拍馬屁的方式各種各樣，千變萬化，在嘻笑怒罵間常可收到出奇的效果。而瞭解他人的心理是拍馬屁獲得成功的前提條件。是否瞭解他人的心理，決定了你的讚美是否恰當，成效是否明顯。

只有諳熟了聽者的心理，你才能辨別其優缺點，「順藤摸瓜」，你的馬屁才能準確到位，盡可能觸及其最美的部分。對方在欣喜之餘，必會視你為知己，向你袒露心懷，使你不斷捕捉到足以讚美他的閃光點，你的讚美也才會更加得體，游刃有餘。如果不瞭解聽者的心理，你就不知道他有何可贊之處，更不知他需要什麼。

當然，瞭解他人的心理，必須從細微處下功夫，利用細小的刺激，影響其特定情形下的心理，從而使你的讚美既巧收「潤物細無聲」之效，又展現極強的針對性。

拍馬屁時，切忌用官話、套話。讚美一個人，並不是作報告或談工作，切忌出言嚴肅。讚美貴在自然，它是在一定場景下的真情流露，有感而發。任何僵硬、虛誇、做作的讚美，即使出於真心實意，也會引人反感、提防。

俗話說：「矮子面前莫說短話。」某人有生理上的缺陷、家庭遭逢不幸或為人辦事方面有短處，心裏已經夠痛苦了，你何忍再雪上加霜。碰上這些情況，都應避諱，決不能「哪壺不開提哪壺」。不然，傷害了人家不說，人家也不會輕易放過你，到頭來只能是兩敗俱傷。因此，務必切記：勿犯人忌，小心拍馬屁別拍到馬蹄上！

清代康熙皇帝年輕時勵精圖治，做過不少大事。到了晚年，髮白齒脫。這本是人生的自然規律，可他心裏就是不服老，犯了老年人的通病，只要聽到有人說他「老」，就不高興。左右臣子深知他的心理，特別忌諱說與「老」相關的字眼。

為了顯示自己還年輕有活力，康熙常常率領皇后、妃子去獵苑獵取野獸，到池邊釣魚取樂。

有一次，康熙率領一群妃嬪去湖中垂釣。不一會，魚竿晃動。康熙連忙舉起釣竿，只見釣鉤上鉤住一隻大大的金龜，心中好不喜歡。誰知剛剛拉出水面，只聽「撲通」一聲，金龜又脫鉤掉到水裏，迅即游離。康熙長吁短歎，連叫可惜。

在他左側相陪的皇后見狀，連忙安慰道：「看這光景，那隻龜是老得沒有門牙，銜不住鉤子了。」

這時，一個年輕妃子忍不住大笑起來，而且笑個不止，直至直不起腰來。

康熙見狀，不由得龍顏大怒。他尋思皇后言者無心，那妃子卻笑者有意，是含沙射影，笑他沒了牙齒，老而無用了。回宮後，他馬上下了一道諭旨，將那妃子打入冷宮，終身不得復出。

到了這時，那年輕妃子才深悔失言，歎息著說：「因為我不慎一笑，害了自己守寡一生，這都是我自己不檢點，犯了皇上的大忌所帶來的惡果啊！」

為什麼皇后明顯說到「老」字，康熙沒有怪罪她，那妃子只是一笑，他卻如此嚴懲？康熙不服老，忌諱人家說他老。但皇后同他的感情與普通人不同。皇后說的話，仔細推敲一下，有顯義和隱義。顯義即字面上的意義。因康熙與她的感情距離近，她產生的是積極聯想，所以康熙只是從字面上去理解，知道皇后是一片好心。那妃子雖然沒說話，只是大笑，但她是在皇后說話的基礎上笑的，再加上她與康熙的感情距離遠不如皇后，所以讓康熙產生了消極聯想，其隱義是：那老龜老掉牙，銜不住鉤子，就像康熙一樣老而無用，連釣起的老龜也讓牠逃跑了。這就深深刺痛了康熙內心最忌諱的地方。

自然，康熙因妃子笑他而給予重罰，充分暴露了封建帝王的冷酷無情。但即使是一個普通人，被人這樣取笑，也不會高興的。人都有自尊心，總希望得到別人的尊重，誰也不希望人家提到自己的憾事、缺點、隱私。因此，在待人處事中，一定要注意尊重別人，交談時千萬不要涉及別人忌諱的話題，不然就會導致雙方關係的惡化。

男人一步入中年，頭髮便逐年減少，最終甚至成了禿頭。這是男人的一大隱憂。有些人卻會出人意料地強調自己頭髮稀少：「很抱歉，我這禿頭實在很刺眼！」甚至在照相時調侃自己，「請注意反光現象……」

這種人表面上似乎不把禿頭一事放在心裏，其實內心多半懷有深深的自卑感。一般來說，越是喜歡以自己的禿頭為話題大作文章的人，對自己頭上無毛越是感到苦惱。面對這種人，千萬不要以為他們很豁達，故意調侃。

6 厚黑要講究大氣魄、大格局

《莊子》一書中記載了一個「庖丁解牛」的故事，說庖丁殺牛時，姿態流暢優美，而且乾淨利落。他自己對人說，殺牛時，他眼中看到的不是整條牛，只見牛身上肌肉骨骼之紋理，順著紋理下刀，自然乾淨利落。

這個故事給世人的啟示是：凡事要看大不看小，從大處著眼，講究大格局。

李宗吾在《厚黑叢話》中說：「梁任公曰：『讀春秋當如讀楚辭，其辭則美人香草，其義則靈修也，其辭則齊桓、晉文，其義則素王制也。』嗚呼，知此者可以談厚黑學矣！其詞則曹操、劉備，其義則十年吳之勾踐，八年血戰之華盛頓也。師法曹操、劉備者，師法厚黑之技術，至曹劉之目的為何，不必深問。斯義也，恨不得起任公於九原，而一與討論之。我著《厚黑學》，純用《春秋》筆法，善惡不嫌同辭，據事直書，善惡自見。同是一厚黑，用以圖謀一己之私利，是極卑劣之行為，用以圖謀眾人之公利，是至高無尚的道德。所以不懂《春秋》筆法者，不可以讀厚黑學。」

儘管世上大多數人總在為自己做打算，但在某一階段、某一時期，由於某兩方目標相同，也可以形成暫時的利益同盟，以強大的力量去對付共同的敵人。這就是《厚黑學》從大格局出發的具體應用。當然，這種同盟關係根本談不上穩固，更談不上什麼精誠團結。不過，在短期間內，針對共同的敵人或某一兩件事，卻非常有效。

講究大格局、大氣魄，關鍵是要求大同，存小異，不為虛名所累，不在乎世人怎麼看，不怕被世人誤會和唾棄，一切以自己的利益為前提。即使某人與你有什麼「不共戴天」的仇恨，只要有利用價值，就可以暫時與他結盟。

唐朝開國皇帝李淵就是這樣一位厚黑之人。

隋煬帝大業十一年（六一五年），李淵出任山西、河東撫慰大使，奉命討捕群盜。對於一般盜寇，如毋端兒、敬盤陀等，他都能手到擒來，毫不費力。但對於北方突厥，因其鐵騎驍勇，全民皆善於騎射，卻是大傷腦筋，多次交戰，敗多勝少。突厥人肆無忌憚，李淵視之為不共戴天之敵。

公元六一六年，李淵受封太原留守，突厥竟用數萬兵馬反覆衝擊太原城池。李淵遣部將王康達率千餘人出戰，幾乎全軍覆沒。後來巧使疑兵之計，才勉強嚇跑了突厥兵。糟的是，盜寇劉武周突然進據歸李淵專管的汾陽宮（煬帝的離宮之一），掠取宮中婦女，獻給突厥。突厥即封劉武周為定楊可汗。另外，在突厥的支持下，郭子和、薛舉等紛紛起兵鬧事。李淵防不勝防，隨時都有被煬帝以失職為藉口殺頭的危險。

李淵麾下將士都以為他懷著刻骨仇恨，勢必會與突厥決一死戰。不料他竟派遣謀士劉文靜為特使，向突厥屈節稱臣，並願把「子女玉帛」送給始畢可汗。

李淵這種屈節讓步的行為，就連他的兒子都深感恥辱。李世民在繼承皇位之後還念念不忘：「突厥強梁，太上皇（李淵）稱臣於頡利，朕未嘗不痛心疾首。」

其實，李淵是「眾人皆醉我獨醒」。屈節讓步雖然臉面上有點丟人，對於厚黑之人，又算得了什麼！

原來，他根據當時的天下大勢，已斷然決定起兵反隋。起兵之後，要成大氣候，太原雖是一個軍事重鎮，但還不是理想的根據地。必須西入關中，方能號令天下。不過，太原畢竟是李唐大軍萬萬不可丟失的根據地。那麼，用什麼辦法才能保住太原，順利西進呢？

當時李淵手下兵將不過三、四萬之眾，即使全部屯駐太原，應付突厥的隨時出沒，又要追剿有突厥撐腰的四周盜寇，也已捉襟見肘。而要進軍關中，顯然不能留下重兵把守。所以，惟一的辦法就是採取和親政策，讓突厥「坐受寶貨」。

所以，他不惜屈節讓步，自稱外臣，親寫手書道：「欲大舉義兵，遠迎主上，復與貴國和親，如文帝時故例。大汗肯發兵相應，助我南行，幸勿侵暴百姓。若但欲和親，坐受金帛，亦唯大汗是命。」

唯利是圖的始畢可汗欣然與李淵修好。在李淵從太原進入長安的關鍵時期，他只留下三子元吉率少數人馬駐守太原，卻從未遭過突厥的侵犯，依附突厥的劉武周等人也收斂了不少。

據此，李元吉方有能力從太原源源不斷地為前線輸送人員和糧草。

公元六一九年，劉武周攻克晉陽。此時，李淵早已在關中建立了唐王朝，站穩了腳跟，擁有了幅員遼闊的根據地，劉武周再也不是對手。

其後，李淵派李世民出馬，沒費多大力氣便收復了太原。

7 永遠避免跟人正面衝突

如何待人處事，非常複雜。有時候會陷入爭論，公說公有理，婆說婆有理，根本鬧不清楚。

明朝陳耀文在《天中記》中講了一則小寓言：有一次，夜裏睡覺、白天飛翔的燕子與白天睡覺、夜晚活動的蝙蝠爭論起來。燕子認為日出是早晨，日落是傍晚；蝙蝠卻認為日落是早晨，日出是傍晚。禽兒倆嘰嘰喳喳，辯個不休。

實際上，燕子和蝙蝠由於生活習慣和所處環境的不同，對晨夕各持不同的看法，永遠也不能統一。

從這則寓言，我們可以得出這樣的啟示：不要輕易與人爭論。非爭論不可，也必須看清對象。與根本沒有爭論基礎的人爭論，永遠爭不出名堂來。此時，厚臉一笑，豈不更好？

第二次世界大戰結束不久，某天晚上，戴爾•卡耐基在倫敦參加史密斯爵士舉辦的宴會。宴席中，坐在他右邊的一位先生講了一個幽默的故事，並引用了一句成語，大意是：「謀事在人，成事在天。」他說這句話出自《聖經》。

「什麼……《聖經》？」卡耐基知道這句話不是出自聖經，而是出自莎士比亞的名劇《哈姆雷特》。為了表示自己的優越，他當即糾正了這位先生的錯誤。

可是，對方卻反唇相譏：「你說是出自莎士比亞？不可能！絕不可能！這句話確確實實出自《聖經》。」

當時，卡耐基的老朋友葛孟也在場。他研究莎士比亞的著作已有多年。這時，他在桌下用腳踢了踢卡耐基，說道：「戴爾，你弄錯了！這位先生是對的，這句話的確出自《聖經》。」

宴席結束後，在回家的路上，卡耐基不解地質問葛孟：「你不是明明知道那句話出自莎士比亞嗎？」

「是的，」葛孟回答：「《哈姆雷特》第五幕第二場。可是戴爾，我們是宴會上的客人，為什麼一定要證明他錯了呢？那會使他喜歡你嗎？為什麼不給他留些面子？你為什麼一定要跟他抬槓呢？應該永遠避免跟人家正面衝突。」

永遠避免跟人家正面衝突！世界上只有一種能夠在爭論中獲勝的方法，那就是——像躲避響尾蛇和地震那樣避免爭論。

8 讓身邊的「老虎」鬥起來

當自己所處的環境中強手如林，競爭十分激烈，為了自己的生存，不妨巧用計謀，讓周遭的「老虎」鬥起來，使他們非但無暇算計你，而且為了各自的利益，還能求助於你。這樣，你不但能在強手環伺下活得滋潤，還提高了在眾強中的地位，為自己的成功與發展營造出有利的局面。

春秋時期，田常欲篡齊王之位，但又怕國內高、國、鮑、晏等強族反對，便想立功於外而興兵伐魯。孔子得知，為使自己的國家不致遭到塗炭，便派高足子貢前往遊說，以化解危難。

子貢受命前往齊國，對田常說：「你伐魯是不對的，因為魯國難伐。魯國城薄地狹，國君愚而不仁，大臣偽而無用，士兵又不善戰，此為不易攻。你不如伐吳。吳國城高地廣，兵器精良，士氣高昂，又使良將把守，此為易攻。」

田常聽了子貢一番話，不由大怒道：「子之所難，人之所易；子之所易，人之所難。這是為什麼？請你說清楚！」

子貢不慌不忙地說：「憂在內者攻強，憂在外者攻弱。你現在的問題是內憂。聽說你三次求封而不成，許多大臣不從你。現在你去破魯，以拓展齊國的地候，欲戰勝以驕主，破國以尊臣。但國君得不到什麼功勞，你與君主的交情必定越來越疏遠你上驕君主之心，下恣凌群臣，想成大事，難矣！再說，這是君主驕則放縱自己，臣驕則爭權。你上與君主生了嫌隙，下與大臣交爭，在齊國的處境就很危險了。所以說，不如伐吳。伐吳不勝，民人外死，大臣內空，則你上無強臣之敵，下無民人之過，即可孤立君主，控制齊國。」

真是一語點醒夢中人。田常聽子貢說完，高興地說：「很好。可是我已經派兵伐魯，如果現在改而攻吳，大臣懷疑我，怎麼辦？」

子貢說：「那麼，你先按兵不動，待我去吳國，說服他們救魯而伐齊，你即可率兵迎擊。」

田常接受了這個建議。

子貢到了吳國，對吳王說：「王者不絕世，霸者無強敵。千鈞平衡之重，一邊加上銖兩則傾斜。現在強大的齊國想要吞併弱小的魯國，與吳國爭強，猶如齊國加重，這是大王爭霸的障礙。大王若出兵救魯，是顯名之事，伐齊，是獲大利之事。撫泗上諸侯，誅暴齊以服強晉，利莫大焉。這是名存亡魯，實制強齊，智者不疑的事。」

吳王聽罷，頷首道：「很好！可我曾經與越國打過仗，眼下越王苦身養士，有襲我之心。且等我征伐越國以後，再按你所說的去辦。」

子貢說：「越之勁不過魯，吳之強不過齊，大王放棄齊而伐越，則齊已平魯矣。何況大王方以存亡繼絕為名，伐小越而畏強齊，非勇也。夫勇者不避難，仁者不窮約，智者不失時，王者不絕世，以立其義。現在大王存越示諸侯以仁，救魯伐齊，威加晉國，諸侯必相率而朝吳，霸業成矣。如果大王畏惡越國，臣請東見越王，令其出兵以從。此名為有諸侯相從伐齊，而實空越，其憂可去。」

吳王很高興，立刻請他前往越國。

越王勾踐正處於兵敗身辱之時，聽說子貢來訪，趕緊屈身恭迎。到了館舍，立刻向子貢問此來的目的。

子貢說：「前此，我遊說吳王救魯伐齊。吳王心裏以越為患，故言：『待我伐越乃可。』果真這樣，破越必矣。無報人之志而令人疑，拙之；有報人之志，使人知之，殆也；事未發而先聞，危也。三者舉事之大患。」

子貢的話，一下子戳到勾踐最深的痛處，勾踐不由得頓首再拜，回道：「孤嘗不料力，乃與吳戰，困於會稽，痛入骨髓，日夜焦唇乾舌，徒欲與吳王接踵而死，孤之願也。」

子貢說：「吳王為人猛暴，群臣不堪，國家敝以數戰，士卒弗忍。百姓怨上，大臣內變，是殘國之治也。您現在應當卑辭厚禮以悅其心，發士兵助他出戰以驕其志，其必伐齊。吳王若戰而不勝，是您之福。吳王戰勝，必去攻晉。我當北見晉君，令其出兵攻之，弱吳必矣。吳之銳兵盡於齊，重兵困於晉，您制其敝，滅吳必矣。」

勾踐極為高興，以重禮謝子貢。子貢不受而去。

子貢又到吳國，向吳王彙報：「我將大王的話告訴越王，越王大恐，說：『孤不幸，少失先人，內不自量，抵罪於吳，軍敗身辱，棲於會稽，國為虛莽，賴大王之賜，使得奉俎豆而修祭祀，死不敢忘，何謀之敢慮！』」

此話使吳王稍稍放心。幾天後，越國助征之兵趕到。吳王大悅，問子貢：「越王欲隨寡人一同伐齊，你看如何！」

子貢怕謊言被戳穿了，趕忙回答：「不可。夫空人之國，悉人之眾，又從其君，不義。君受幣，許其師，而辭其君。」

吳王聞言，果然沒有讓勾踐隨征，而親率九郡兵馬伐齊。

待吳軍出動，子貢趕到晉國，對晉君說：「臣聞之，考慮不定不可以應卒變，兵不先辦不可以勝敵。現在齊與吳將開戰，吳戰齊不勝，越國必攻吳；吳戰齊獲勝，必以其兵臨晉。」

晉君大恐，問道：「你看，我應該怎麼辦？」

子貢回答：「您且養兵休卒以靜觀其變。」

晉君應許。子貢便回到魯國，靜等其變。

吳國與齊國戰於艾陵，大破齊軍之後，果以戰勝之師攻晉。雙方戰於黃池，吳軍大敗。越王勾踐聽說吳軍戰敗，便率軍襲吳，與吳軍戰於五湖。吳王夫差兵敗被殺，勾踐東向中原稱霸。

司馬遷在總結這段歷史時說：「子貢一出，存魯，亂齊，破吳，強晉而霸越。子貢一使，使勢相破，十年之中，五國各有變。」

子貢以一個普通人，為了魯國的生存而遊說各國，獲得如此成功，使用的主要招法就是厚黑之道。為了魯國的安全，不惜犧牲吳國，搞亂齊國，此乃大厚黑之舉也！

9 別跟上司搶鏡頭

事實上，給人面子並不難，也無關乎道德。大家都是在社會上混的人，給人面子基本上就是一種互助；尤其是一些無關緊要的事，更要學會給人面子。至於重大的事，就可以考慮不給了。你不給，對方也不敢對你有意見。他若強要面子，就有可能在最後失去面子！

一般來說，握有一定權力的人都心懷非常強烈的自尊和成就感。行使權力，發布命令，使事情朝著自己所預想的目標發展，就會給他帶來這種感覺。對上司來說，侵犯其尊嚴，等於是對他的污辱和蔑視，絕不能容忍，更不能諒解，是「大逆不道」的犯上之舉。這是身為下屬的人在與上司打交道時，要切切銘記在心的處世箴言。

許多時候，下屬的衝撞會使上司下不了臺，面子難堪。如果上司的命令確有所不足，採用對抗的方式去頂撞他，無疑會使他感到尊嚴受損。特別是在一些公開場合，或許他會考慮下屬的建議，但決不會允許下屬對他的權威提出挑戰。

好東西，沒有人不喜歡。越是好吃的東西，越是捨不得給人，這是人之常情。然而，你若是懷著遠大的抱負，就不可斤斤計較成績的取得，你究竟佔有多少份，而應大大方方地把功勞讓給你身邊的人，特別是讓給你的上司。這樣做，你感到喜悅，上司臉上也光彩，以後，上司少不了再給你更多建功立業的機會。否則，如果只會打眼前的算盤，急功近利，得罪了身邊的人，將來一定吃虧。

對上司讓功一事，絕不可到處宣傳。如果你不能做到這一點，倒不如不讓功的好。自我宣傳總有些邀功請賞，不尊重上司的味道。這等事，只能由被讓者宣傳。雖然這樣做有點埋沒了你的才華，但你的同事和上司總會設法還給你這筆人情債，給你一份獎勵。總之，為善就要堅持到底，不要讓人覺得你的讓功是虛偽之舉。

在處理上下級關係時，「別跟上司搶鏡頭」。也就是說，得罪人的事你攬下，出頭露臉的好事歸上司。這樣做，肯定好處多多，受益無窮。

如果你與上司交往，總是咄咄逼人，不給上司留面子，必會引起上司的反感。更有甚者，把本該屬於上司的光輝硬往自己臉上貼，完全忘了自己的身分，老做一些「越位」的事，搶上司的「鏡頭」，恐怕離被上司「炒魷魚」的日子也就不遠了。

常言道：「退一步海闊天空，進一步逼虎傷人。」這話講得很有道理。與上司打交道，就必須以退為進，給上司留足面子。

那麼，如何才能巧妙地給上司留下面子，把鏡頭讓給上司呢？主要應當注意以下幾點：

1．在日常工作，應該時時處處表現出對上司應有的尊重——當他向你交待任務或發出指示時，你要仔細聆聽，不要顯得無精打采，漫不經心，一副無所謂的樣子。這必然會大大傷害上司的尊嚴和面子，使他覺得你對他缺乏應有的尊重。

2．無論上司是對是錯，你都要先聽他說，然後再婉轉地表達自己的見解——上司正確，下屬表現出應有的尊重，這點比較容易做到。但是，假如覺得上司錯了，許多下屬心裏就可能憋不住勁兒，想和上司理論一番，甚至直接指出他的過失。這樣，上司雖然心裏可能認為你是對的，面子上卻肯定會掛不住，一定把你視為一個可惡的下屬，從而百般阻止你晉升的機會。

3．千方百計把上司交辦的事辦得圓滿——特別是私事，更要辦得完美。細心的人都可能會發現這樣一個事實：在單位中，同樣是服從上司、尊重上司的人，在上司心目中的位置卻大不相同。這是為什麼？這關乎能否掌握做下屬的藝術。有的人肯動腦子，會表現，主動出擊，經常能讓上司滿意地感到他的命令已被圓滿地執行，並且收穫很大。相反地，有的人卻把上司的安排當成例行公事，草草應付，甚至「斬而不奏」，結果往往事倍功半。

4．將自己的功勞歸於上司，把本該照向自己的鏡頭悄悄轉到上司身上——擅長處理上下級關係的人都會淡化自己的功勞，不顯山不露水，必要時，將一切功勞、成績、好名聲都歸於上司，而將過錯、罵名留給自己。用當今一句流行的話就是：「幹得好是由於上級領導的英明、偉大，幹得不好是由於我們沒有深刻理解上級的意圖，執行上級的決策時出了偏差，水平不高。」試問，對這樣的下屬，哪個上司能不喜歡、寵信呢？

魯迅曾說，中國人常是死要面子活受罪。實際上，不僅中國人如此，世人無不如此。處於高位的人，在下屬面前更是這樣。因此，即使上司做錯了，你也須基於尊重，不去攻擊和責難他。

如果你在與上司打交道的過程中，總是這樣厚臉相迎，處處「退卻」，那麼他心裏必會對你感懷在心，一旦有晉升的機會，自然就會優先想到你。

《官場學》一書中有這樣一段話：「觀察他同上司共同處理事情時是否同憂同樂，來決定他是否是個心地純正的人。」如何在「玩」中將與上司的關係搞得親密些，其中大有學問。

任何上司都有獲得威信、滿足虛榮心的需要，不希望部屬超過並取代自己。因此，在人事調動時，如果某個特別優秀，頗有實力的人被指派到自己手下，上司總會憂心忡忡，因為他擔心某一天對方會搶了自己的權位。相反，若是派一位平庸無奇的人到自己手下，他就可能覺得高枕無憂了。

聰明的部屬在與上司相處時，大多會想方設法掩飾自己的實力，以表面的愚笨反襯上司的高明，力圖以此獲得上司的青睞與賞識。上司闡述了某種觀點，他會裝出恍然大悟的樣子，並且帶頭叫好；對某項工作有了可行的辦法，他不會直接闡發，而是在私下裏暗示上司。明裡，卻拋出與此相左，甚至很「愚蠢」的意見，再由上司將他供獻的好主意說出來。久而久之，儘管在同事中，他可能形象不佳，甚至有點「弱智」，上司對他卻備加欣賞，情有獨鍾。

許多上司儘管總是口不離「人盡其才」之言，很多情況下，他們卻往往提拔那些忠誠可靠但表現並不怎麼出眾的下屬，因為他們認為這更有利於他們的事業。

「南轅北轍」一詞，意思是說，目的地在南方，駕車的方向卻對準北方，結果跑得越快，離目標越遠。同樣道理，上司若使用了不忠誠的下屬，這下屬總是同他對著幹或「身在曹營心在漢」，那麼，這下屬的能力發揮得越充分，對上司的利益損害越。試問，誰願意幹這樣的傻事？

10 把面子留給對手

人與人之間難免會產生一些隔閡或誤會。這時，最好的處理方式就是臉皮厚一點，把面子留給對手。

俗話說：「打人莫打臉，揭人莫揭短。」因此，「面子」是一件很重要的事。為了「面子」，小則翻臉，大則會鬧出人命。如果你不顧別人的面子，總有一天會吃苦頭。精通《厚黑學》之人，從不輕易在公開場合說別人、尤其是上司的壞話，寧可高帽一頂頂地送。

一部很暢銷的武俠小說中有這樣一個情節（出自《史記・遊俠列傳》郭解的故事）：一位人品、武功俱佳的大俠，由於從不憑武功壓人，而且在與其他門派的人打交道時，即使對方和自己根本不在一個檔次上，也特別注意給對方留面子，因而在武林中名望很高。

有一次，杭州某人因與他人結怨而心煩，多次央求地方上有名望的人士出來調停，對方就是不給面子。後來他輾轉找到這位大俠，請他出來化解這段恩怨。大俠接受了這個請求，親自上門拜訪委託人的對手，婉轉排解，總算使這人同意和解。

照常理，大俠不負人托，完成這樁化解恩怨的任務，對方給足了面子，可以走人了。可他還有更高人一著的棋。

待一切談定，他對那人說：「為這件事，聽說過去許多有名望的人曾出面調解，卻因不能得到雙方的共同認可而未能達成協定。這次我很幸運，你很給我面子，讓我了結了這件事。但在感謝你的同時，我很為自己擔心。因為我畢竟是外鄉人，在本地人出面不能解決問題的情況下，我促成了你們雙方的和解，未免使本地那些有名望的人感到丟了面子。」

大俠進一步說：「這件事，請再幫我一次。表面上，要做到讓外人以為我出面也解決不了問題。等我明天離開此地，本地幾位紳士、俠客還會上門，你把面子賣給他們，算是他們完成了調停。拜託了！」說完，他躬身一禮，轉身離去。

雖然我們在待人處事中，可能無法達到前述那位大俠的水平，但卻可以通過兩方面，給人留下面子：

其一，岔開話題，轉移注意——如果雙方的爭執關乎非原則性的問題，不妨岔開話題，轉移雙方談話的焦點。

南齊高帝蕭道成有一次與當時的著名書法家王僧虔比試書法，君臣二人都認真地寫了一副楷書。寫畢，齊高帝傲然問道：「你說說，誰第一，誰第二？」王僧虔不願貶低自己，可又不敢得罪皇帝，於是答道：「為臣之書法，人臣中第一；陛下之書法，皇帝中第一。」蕭道成聽後，只好一笑了之。

王僧虔這種分而論之的回答相當巧妙，表面上顧及了皇帝的尊嚴，實際上是迴避了不願貶低自己，又不敢得罪皇帝的難題，而且巧妙地給皇帝留了面子。

其二，巧用「中間人」，消除隔閡——假如你與一個朋友之間產生了隔閡，但又不想與之斷交，這時就不妨請個第三者從中說和。此時，第三者的任務就是將雙方的歉意及欲保持交往的願望準確而真實地進行傳遞。

11 距離產生美，不要賣弄自己的小聰明

只要稍加留意，便不難發現許多以下所述之現象：某兩個人原本親密無間，不分彼此。沒過多久卻翻臉為敵，互不來往。何以至此？緣於太過親熱也！

西方有一種「刺蝟理論」，其言曰：刺蝟渾身長滿針狀的刺，天一冷，就會彼此靠攏。但仔細觀察，發現牠們之間始終保持著一定的距離。原來，距離太近，牠們身上的刺就會刺傷對方；距離太遠，又會感到寒冷。只有若即若離，距離適當，才能既保持理想的溫度，又不傷害對方。

一般來說，人與人密切相處當然不是壞事，否則怎麼會有「親密的戰友」、「親密的夥伴」、「如膠似漆的伴侶」等譽詞呢？但任何事都不能過分，過分就會走向極端。俗話說：「過儉則吝，過讓則卑。」就是這個道理。

現實生活中，「過親則疏」的現象頗為普遍。因此，朋友之間不可過密，上下級之間不可過親，以免造成彼此的傷害。

人際交往過密不好，那麼，是否意味著越遠越好呢？當然不是。不過，有這樣一

種人，他們自命清高，目中無人，這個也瞧不起，那個也看不上，自以為已看破了紅塵，與任何人都不來往。另有一種人，消極地認為世間險惡，交際虛偽，企圖尋求世外桃源以隔絕人世塵緣，不願與外界接觸。

在人與人的日常交往中，交際雙方表現得過分親密或糾纏不清，有時也會讓人感到彆扭。在這種情況下，會給自己留後路的人，往往會妥善採取迴避的辦法。

首先，當你和上司過分熱乎時，試以「迴避」測度你在他心中的地位。在一個單位中，上下級之間除了工作關係，還有私底下的感情。隨著工作的改變、地位的升降，人的思想也在不斷變化。「試探」自己在上司心中的地位，當然不必動不動就鬧調離，暫時「迴避」，也有一定的效果。如果上司對你依然器重，就會馬上表現出來。

其次，當你和別人爭執不下時，試以「迴避」免去不必要的情感傷害。有些人生性好強，面對這樣的人，大可不必和他針鋒相對，適度「迴避」，或能使他清醒。

最後，當你被別人誤會時，以「迴避」顯示你的寬容。生活和工作中，被人誤會的事常會發生。心胸狹窄者往往把別人的無意看成故意，甚至把好心也視為惡意。被誤會的人大可不必當面斥責人家「狗咬呂洞賓，不識好人心」，也不必「破罐子破摔」，立馬同人家「斷交」。不妨先把理挑明，然後暫時「迴避」，過後看看對方的反應。如果他有認錯的跡象，再同他「恢復關係」。經過這樣的小波折，雙方的友誼一定比從前更加牢固。

「刺蝟理論」中相處適度的原則道出了待人處事的真諦。要達到上述境界，必須做到以下四個原則：（一）「不卑不亢」做人；（二）「不歪不斜」立身；（三）「不偏不倚」辦事；（四）「不親不疏」交友。

英國19世紀政治家查士德斐爾爵士曾經如此教導他的兒子：「要比別人聰明，但不要告訴人家，你比他更聰明。」

蘇格拉底如是說：「我只知道一件事，那就是我一無所知。」

你即使真有兩下子，也不要太出風頭，最好藏而不露，大智若愚。也就是說，不要賣弄自己的雕蟲小技。

《莊子‧雜篇》中有一則寓言：吳王乘船渡過長江，登上一座猴山。猴群看見國王率領大隊人馬上山來了，都驚叫著躲進樹林茂密的地方。有一隻猴子卻從容自得，抓耳撓腮，在吳王面前竄上跳下，故意賣弄技巧。吳王很討厭這隻猴子的輕浮，便搭箭向牠射去。這隻猴子存心顯露本事，見吳王的箭射來，一把抓住飛箭。吳王轉過身，示意隨從一齊放箭。箭如雨下，不可躲閃，那猴子終於被亂箭射死。

世上有一種人，掌握了一點本事，生怕別人不知道，無論在什麼人面前都想「露兩手」。這種人愛出風頭，對一切都滿不在乎，頭腦膨脹，忘乎所以。在待人處事中，這種人十個有十個會遭到失敗。

那麼，應該如何做，才算是不賣弄自己的聰明呢？

第一，要在生活中的枝節問題上學會「隨眾」，跟著眾人的步履前進。

美國的艾倫・芬特在《小照相機》一書中介紹了這樣一則心理測驗：

一個人走進一家醫院的候診室。他向四周一看，感到非常驚訝：每個人都只穿著內衣、內褲，坐在那兒喝咖啡、閱讀報刊雜誌，或是聊天……這個人起初非常驚奇，後來判斷這群人一定知道一些他所不知道的內情。於是，20秒鐘之後，這個人也脫下外衣，僅著內衣褲，坐著等候醫生。

這種隨眾的做法，至少有兩大目的：（一）社會上的群居生活，需要大家互相合作。（二）在某些情況下，當你茫然不知所措時，難免仿效他人的行為與見解。

第二，不要讓人家感覺到你比他們更聰明。

某人有過錯，無論你採取什麼方式，指出他的錯誤：一個蔑視的眼神兒、一種不滿的腔調、一個不耐煩的手勢，都可能帶來難堪的後果。

羅賓森教授在《下決心的過程》一書中說：「人，有時會很自然地改變自己的想法。但是，如果有人說他錯了，他就會惱火，更加固執己見。人，有時也會毫無根據地形成自己的想法。如果有人不同意他的想法，反而會使他全心全意地維護自己的想法。不是那些想法本身多麼珍貴，而是他的自尊心受到了威脅……」

美國開國先賢富蘭克林還是個毛頭小子時，有一天，一位老朋友把他叫到一邊，尖刻地訓斥他：「富蘭克林，你簡直不可救藥！你到處指出別人的錯誤，自以為比所有人都高明，誰受得了你？！你的朋友都很討厭你。他們對我說，你不在場，他們會自在得多。你知道得太多了，沒有人想再告訴你什麼事。你不可能再吸收新的知識。其實，你的舊知識又有多少呢？十分有限！」

在《自傳》中，他說：「我立下一條規矩：決不正面反對別人的意見，也不讓自己武斷行事。我甚至不准自己用過分肯定的文字或語言表達意見。我決不用『當然』、『無疑』這類詞，而是用『我想』、『我假設』或『我想像』。當有人向我陳述一件我所不以為然的事，我決不立即駁斥他，或立即指出他的錯誤；我會在回答的時候，表示在某些條件和情況下，他的意見沒有錯，但眼下看來，好像稍有不同。我很快就見到收穫。凡是我參與的談話，氣氛變得融洽多了。我以謙虛的態度表達自己的意見，不但容易被人接受，衝突也大大減少了。最初這麼做時，我感到有些困難，但久而久之，就養成了習慣。50年來，可以說，大致上沒有人再聽到我講過太武斷的話。這種習性，使我所提交的新法案能夠得到同胞的重視。儘管我不善辭令，更談不上雄辯，遣詞用字也很遲鈍，有時還會說錯，但一般而言，我的意見還是得到廣泛的支持。」

第三，貴辦法而不貴主張。

換句話說，就是多一點具體措施，少一些高談闊論。年輕人對於所碰到的事，總是喜歡大放厥辭。對於某種事物，經觀察、分析而有所得，進而形成一種主張，當然是一件可喜的事。但是，如果一有所得，不看對象，不分場所，立即發表出來，往往得不到什麼好處。少一點高談闊論，多一點切實可行的辦法。譬如，上司、同事或朋友希望你幫他辦某件事，你可以拿出一套又一套辦法、方案。總之，你千方百計把問題解決了，比發表「高見」，不是有意思得多嗎？

在待人處事中，不要把別人看成一無所知。世人都各有主張，多數人都會很謹慎地過濾別人尤其是下屬的意見。如果你把別人都看成是庸才，只有自己具有真知灼見，在一個團體內，你的主張被採納的百分比恐怕必然很低。

12 面具可以遮臉，更可以掩心

有本書上這樣說：「如果對方無法接受毫無掩飾的我，未嘗不是好事。」其實，這哪是什麼好事，簡直是極其危險的事。

現代人的一大特色就是虛偽與口是心非，儘管對《厚黑學》愛之入骨，表面上也必然在口頭上對之咬牙切齒。為此，在待人處事中，行厚黑的人一定要記得戴上面具。此面具的功用，好比機械運轉所需要的潤滑油，可以使機器運轉得更加順暢。至於什麼場合應該戴什麼面具，就像戲臺上唱什麼角色該穿什麼戲服一樣，不能一成不變。就上班族而言，以下三條金科玉律，相信可幫你處理好複雜的人際關係：

1‧在單位中不可隨便與人交心——現實中，任何單位都不是真空般一塵不染，正人君子有之，奸佞小人亦有之；既有坦途，也有暗礁。在複雜的環境下，不注意說話的內容、分寸、方式和對象，很容易招惹是非，授人以柄，禍從口出。

俗話說：「人不為己，天誅地滅。」人只有先求安身立命，適應環境，然後才能設法改造環境。因此，說話小心些，為人謹慎些，避開生活中的誤區，使自己置身於進可攻、退可守的有利位置，牢牢地把握人生的主動權。

一個毫無城府，喋喋不休的人，必顯得淺薄、俗氣，缺乏涵養而不受歡迎。西方有句諺語說得好：「上帝之所以給人一張嘴巴、兩隻耳朵，就是要人多聽少說。」

做一個社會人，社交活動不免與自己所在的單位相關。下班之後，與同事一起喝杯酒，聊聊天，不但有助於日常工作，還可能聽到與單位有關的消息。因此，單位舉辦的各種聚會，自然要積極參加。就是與同事及上司打上一兩場「社交麻將」，也很有必要。但有一點要時刻切記：不可隨便與任何人交心。

同事之間，只有在大家都放棄了相互競爭，或明知競爭也無用的情況下，才會有友誼存在。有利益上的競爭與衝突，同事間就不可能形成真正的友誼。輕易地交出真心，甚至動了真感情，只會自尋煩惱。

比如說，甲與乙同年畢業，同時進公司工作，是無話不談的好朋友。現在有個升職的機會。如果甲升了級，乙沒升，乙會怎麼想？乙如果繼續與甲友好，免不了會被譏為趨炎附勢。而成為上司的甲，即使想主動對乙友好，也不可能像往日那樣自然。

2・隨時注意保護自己——藍領與白領，不同的地方之一，是藍領向上的流動性不大，升遷機會不多。因此，藍領工人打的是正規戰術，集體討價還價，爭取共同的利益白領階層則大多有個別拼搏的機會，獲得升遷是單打獨鬥，甚至踩著別人的肩膀往上爬的結果。因此，白領之間通常沒有藍領階層那種同志之情，往往互相猜忌，爾虞我詐。許多力爭上游的白領，只一心要將對手打倒，卻往往不善於保護自己。

《厚黑學》指出：要友好競爭，更要在眾人的競爭中保存自己。在勢孤力弱的情況下，就要夾緊尾巴，千萬不要露出自己全力拚搏，一心往上爬的野心，以免成為眾矢之的。俗語說：「不招人忌是庸才」。但在一個小圈子中，招人忌者是蠢才。精通待人處事之道者，在積極爭取往上前進的同時，總能很自然地擺出一副「只問耕耘，不問收穫」的超然態度。

3．別替人背黑鍋——在任何一個單位，做事好壞對錯，很多時候是由上司主觀決定的。如果上司意志強，自以為是，下屬便會唯唯諾諾。但有些上司只是向他的老闆交功課而已，工作敷衍了事，得過且過。在這樣的環境之下，最重要的是不要出事，一切如常，免得勾起上司的雷霆之怒。如果你出了差錯，上司為了向他的老闆交代，就可能抓住你做替罪羊。雖說有時候替上司背黑鍋，能夠換來更大的回報，但大多數情況下，替人背黑鍋是非常划不來的蠢事。

ch.3
做好人，也要拿捏好分寸

——投人所好，看人下菜碟。對性格活潑者可以隨意調侃，開個玩笑什麼的；對敏感多疑者則應掌握措辭的分寸……出言之前應三思，力求辭能達意。這樣做，定能獲得好人緣。

1 良好的人緣，比工作能力強

美國耶魯大學文學院教授威廉・費爾普在《論人性》一文中說：「八歲時，有一次到姨媽家度周末。晚上，有個中年人來訪，他跟我姨媽寒暄了一陣之後，便把注意力集中到我身上來。那時我對帆船十分著迷，這位中年人就勁頭十足地跟我討論起帆船來。我興奮極了，到他走的時候，心裏還戀戀不捨，盼望他明天再來。我對姨媽說：『這個人真好，他對帆船那麼感興趣！』姨媽卻淡淡地說：『他是一個律師，才不會對帆船感興趣呢！』我非常詫異：『那他怎麼和我談得那麼起勁？』姨媽的回答，我永遠也忘不了。她說：『因為你對帆船有興趣，他就談一些使你高興的事。他這樣做，是為了使自己受歡迎。』」

這叫投人所好，看人下菜碟。誰不希望別人對自己最喜歡的事物感興趣呢？

有人說：有一千個人，就有一千種性格。據此，在待人處事中，必須學會對人的性格做具體分析，看人下菜碟。對性格活潑者，可以隨意調侃，開開玩笑；對秉性拘謹而抑鬱者，宜於推心置腹地促膝談心；對性情耿直者，可直言不諱，偶有失言，也無礙大事；而對敏感多疑者，應掌握措辭的分寸，出言之前要三思，力求辭能達意。

從人的本性看，上司不太可能提拔有可能成為他的競爭對手的部屬。相反，他會處心積慮地掩蓋部下綻放的光彩，使其不見天日。這種情況固然是身為下屬者所不願看到，卻是生活中客觀存在的現實。

美國某航空公司的員工組成的工會勢力非常強大，一有情況發生，就立刻進行罷工，與公司對抗。公司的決策層總想避免發生罷工，但就是無法做到。後來，他們想出一個「妙法」：把機長全部調換，由管理階層（亦即非工會的人）擔當。如此一來，即使工會罷工，飛機依舊可以照開無誤。大家一致認為這是個好主意，決定採取。此即所謂「機長管理職制度」。

但是，自從這個制度實行之後，這家航空公司卻接連發生好幾起人命關天的重大事故。有人指出，「機長管理職制度」就是造成事故的最大原因。

理由是：飛機操縱室裏有機長和副機長，在「機長管理職制度」之前，兩者的關係是同屬一個工作崗位的夥伴，最多也是前輩與後輩的關係罷了。但是，機長改由管理階層擔任後，他們的工作中還附加了對部下勤務的評定，兩者之間的關係就成了上司與部屬，也就是打分數與被打分數者之間的關係。

在這種上下級關係中，副機長想要升為機長，就必須依賴機長給予優異的評定。

而從機長的立場看，如果給下屬分數打得太高，副機長就會升格為機長，自己的機長寶座豈不是面臨江山易主的危險？於是，為保住自己的職位，機長就可能專找副機長的茬兒，儘量壓制副機長的成績。如此一來，機長在副機長眼裏，就變成阻礙自己升遷的最大敵人。

如果你的頂頭上司是你升遷的最大障礙，你如何與他相處？

1．如果對方屬於「拼命三郎」型——就給他來個火上澆油。既然他已決心拚命，身為部下的你又何必阻擋！不如順勢推他一把，叫他快些拚掉老命。

當他請了病假或事假，不要忘了打電話到他家說：「哎呀，科長不在，我們全都慌了手腳！」最好是能逼他重新披掛上陣，帶病堅持工作，大耗元氣，或是在他心中留些疙瘩，讓他不能安心休假和養病。

一旦他病重住院，記得每周去看他一次。所有的主管都視自己的部門為地盤，久未坐鎮，就會擔心大權旁落，甚至害怕自己的位置被別人頂替了。針對這種心理，你可以這樣說：「科長放心休養，科裏有我們在，一切沒問題。」下一次則這樣說：「總經理最近常跟某科科長去打高爾夫球。」後面再加一把火：「有好幾個客戶來公司找你，聽說你病了，他們都很遺憾。」如此這般，這上司即離死期不遠矣！

2．如果對方屬於「自我膨脹」型——那就捧殺他，讓他盡快爆炸在日常工作中，你不妨時常歎口氣說：「像某某科長那麼有實力的人，待在這家公司真是太委屈他了，不但浪費了人才，也是國家和社會的損失。唉！可惜呀可惜！」這些表演不必當著上司的面做，只要一個月做幾次，早晚上司都會從側面聽到。

總有一天，上司會認真地思考：「果真如此嗎？」由於「自己是不是天才」是個很令他愉快的話題，一開了頭，他可能就會欲罷不能，想久了更是覺得理所當然。

3．如果對方屬於「憂鬱內向」型——那就設法給他施壓對上班族而言，看似最有用，其實最沒用的就是那些以暢銷為目的的管理類書籍了。這些大作常常標榜簡明易懂，事實上卻為了簡明，不惜以風趣、新奇、訴諸權威代替複雜的分析。剛剛出版時，在廣告中自吹自擂，彷彿它們要一語道破時代的盲點。不料同類書籍一本接一本地出現，彷彿武俠小說中的武林第一高手逐次被更高的高手取代，叫人不知道看哪一本才好。

但是，花錢買這些書的上班族大有人在。原因何在？在於害怕自己跟不上潮流，不知道別人在想些什麼。基於以上的心理，你一定要常常推薦「好書」給上司，跟他說：「這本書的觀念不錯。」或是：「這本書很有啟發性。」

當你的上司腦袋裏塞滿了空洞的文字，又擔心部下讀書時間比他多，掌握的新知識比他豐富，他的壓力可想而知。時間久了，他怎麼可能受得了！

4・如果對方屬於「粗獷豪放」型——那就用婆婆媽媽的瑣碎事讓他心煩意亂。

上司主要是他常要站在高位下判斷，因此，你有必要大量提供各種問題讓他煩心，再瑣碎的小事都採取恭候聖裁。譬如說：「中午要吃西餐，還是吃火鍋？」

當然，婆婆媽媽久了，難免惹火對方。他可能說：「隨便好了。」這時你千萬要厚下臉皮，繼續不急不慢地說：「火鍋的確不錯，現煮現吃，味道好。可是，偶爾吃一點道地的地方小菜也不錯。蘿蔔乾炒蛋您喜歡嗎？要不，我們去吃日本料理？」

在任何人耳中，你的話都是關懷備至。可是，由於上司是那種粗獷豪放，對瑣碎事缺乏耐心的人，這種說話方式保證大耗他的元氣，不把他搞得頭昏腦脹才怪！

5・如果對方屬於「謹小慎微」型——沒什麼大毛病的人，那就給他扣頂「吝嗇鬼」的帽子。通常情況下，當我們說人壞話時，聽者常會緊張起來。可是，說某某人是個小氣鬼，大家卻能笑著接受。也許大家早在心中認定有權有勢的人常常很吝嗇吧……

在和上司共餐或共搭計程車時，要搶先付錢，事後再以一副委屈的表情向同事說：「那傢伙真不怎麼樣，特別愛貪小便宜！每次付錢都慢吞吞地掏腰包，要不然就是拿張千元大鈔付小錢。我只好說，我有零錢。」相信大家聽了，肯定會哈哈大笑，並對這位上司產生惡感。如此，你就成功了。

2 忠臣能事二主，好女可嫁二夫

「忠臣不事二主，好女不嫁二夫。」其實，持這種觀點的人未免太過迂腐。常言道：「良禽擇木而棲，良臣擇主而事。」倘若遇到一個絲毫也不賞識你的上司，整天度日如年，處於水深火熱之中，使盡渾身解數也難望出頭之日，在這種情況下，棄暗投明，改換門庭，並不是什麼難堪的事。或者你所遇到的上司根本就是那種扶不起來的阿斗，那又何必跟著他活受罪？

俗話說：「男怕入錯行，女怕嫁錯郎。」《厚黑學》則認為，「入錯行」與「嫁錯郎」都不可怕，最可怕的是知錯不改。天下之大，為什麼非要在一棵樹上吊死？「入錯行」，跳槽就是了；「嫁錯郎」，趕緊離婚，另尋如意郎君。

中國古代最著名的謀略家姜子牙既是一位善於出謀劃策的謀略大師，更是一位道行極深的厚黑大師。在當時那種以當「忠臣」為榮的時代，姜子牙才不管什麼「忠」與「不忠」，「忠臣不事二主」。他巧用計謀，果斷地投入「二主」的懷抱，並鼓動和幫著「二主」，毫不手軟地奪了「前主」的江山社稷。

姜子牙，本名呂尚，是我國上古時期最為著名的政治家和軍事家。他生於商期末年，當時紂王無道，荒淫無度，社會矛盾急劇激化。與此同時，商王朝周圍各諸侯國迅速崛起。特別是西伯姬昌（即周文王）勵精圖志，大有代殷之勢。

姜子牙生逢亂世，雖有經天緯地之才，無奈報國無門，潦倒半生。他曾在商王治下做過多年小吏，雖職低位卑，卻處處留心。他看到商紂王整天沈湎於酒色，荒廢國政，幾次想冒死進諫。一則想救民於水火，二則期望因此受到紂王賞識，求得高官厚祿。然而，他目睹大臣比干等人皆因直諫而送了命，只好把話強咽回肚中。他料定商朝氣數已盡，紂王已不可救藥，不願糊裏糊塗地為無道的紂王殉葬，因而決定另攀高枝，改換門庭。

當時，姬昌求賢若渴，正是用人之時。姜子牙為了引起姬昌的注意，採取欲擒故縱的策略，在渭水之濱垂釣。這個地方風景秀麗，人跡罕至，是個隱居的好地方。當然，姜子牙並非是要老死林下，而是在此靜觀世變，待機而行。

一天，姬昌要到渭水周遭行圍。這時候，姜子牙還是個無名之輩，西伯姬昌當然不會認得他。但他見過姬昌。為了引起姬昌的注意，他故意把魚鉤提離水面三尺以上，而且鉤上也不放魚餌。這種荒誕的舉動，果然引得姬昌大感奇怪，便走上前，好奇地問道：「別人垂釣均以誘餌鉤繫水中。先生這般釣法，能使魚上鉤嗎？」

姜子牙見姬昌態度謙和，對自己這個年邁的老者，沒有一點架子，果然是個非凡人物，便進一步試探道：「休道鉤離奇，自有負命者。世人皆知紂王無道，可西伯長子卻甘願上鉤。紂王自以為智足以拒諫，言足以飾非，卻放跑了有取而代之之心的西伯姬昌。」

姬昌聞言大吃一驚，心想：這老人家身居深山，何以能知天下大事？又怎能把我姬昌的心事看得如此透徹？此人肯定非凡！他趕緊躬身施禮，態度誠懇地說：「願聞賢士大名？」

「在下並非賢士，乃老朽呂尚是也。」

「剛才偶聽先生所言，真知灼見，字字珠璣，羨慕不已。不瞞先生，在下就是你剛剛所說到的姬昌。」

姜子牙於是裝出一副「大吃一驚」的樣子，誠惶誠恐地說：「啊！老朽不知，癡言妄語，請西伯恕罪！」

姬昌忙道：「先生何出此言！今紂王無道，天下紛紛，如先生不棄，請隨我出山，興周滅商，拯救黎民百姓。」

姜子牙假意客套了一番，即隨同姬昌一起乘車回宮。

一路上，他縱論天下大勢，口若懸河，果然肚子裡有學問。姬昌如魚得水，相見恨晚，回宮之後，立即拜他為太師，將他視為心腹。

從此以後，姜子牙官運亨通，飛黃騰達，為滅商興周出了大力。

俗話說：「姜太公釣魚，願者上鉤。」

身為一個老謀深算的厚黑大師，在商紂王這棵大樹即將倒下，無法再行依靠的時候，姜子牙略施小計，攀上姬昌這棵長勢茂盛的大樹，果斷地棄暗投明，「事二主」，做了周朝的太師。倘若他愚頑地抱定「忠臣不事二主」的陳腐觀念，恐怕到老死也不過是商紂王治下一個叫不上名字的小官吏，永無出頭之日。

姜子牙，真可謂「識時務者為俊傑」的厚黑大師！

3 人在屋檐下，一定要低頭

「人在屋檐下，不得不低頭。」這話是說：人在權勢、機會不如別人時，不能不低頭退讓。但是，面對這種情況，不同的人可能會採取不同的態度。有志進取者，將此當作磨煉自己的機會，藉此取得休生養息的時間，以圖將來東山再起，而絕不一味地消極乃至消沈。那些經不起困難和挫折的人，卻往往將此看作事業的盡頭，從此畏縮不前，不願想法克服眼前的困難，只是一味地怨天尤人或聽天由命。

雖然「人在屋檐下，不得不低頭」這句話可說洞澈世事人情，相當有智慧，《厚黑學》卻認為有加以修正的必要。因為「不得不」充滿無奈、勉強和不情願，這種低頭太消極了。因此，這句話應改為：「人在屋檐下，『一定』要低頭！」

厚黑大師把「不得不」改成「一定」，並不是在玩什麼文字遊戲，而是經過很多的深思熟慮。

所謂「屋檐」，說明白些，就是別人的勢力範圍。只要你在這勢力範圍之中，靠這勢力生存，你就在別人的屋檐下了。這屋檐有的很高，任何人都可抬頭站著。但這種高屋檐不多。以人類容易排斥「非我族類」的天性來看，大部分屋檐都非常低！也就是說，進入別人的勢力範圍時，你會受到很多有意無意的排斥和限制、不知從何而來的欺壓。除非你有自己的一片天空，是個強人，不用靠別人過日子。

厚黑教主主張：只要是在別人的屋檐下，就「一定」要厚起臉皮低頭，不用別人提醒，也不可撞到屋檐了才低頭。這是一種對客觀環境的理性認知，來不得絲毫勉強，也根本不要不好意思或抹不開面子。與生存相比，臉面又值多少錢？在生存與臉面相矛盾時，還是生存第一！

「一定要低頭」，起碼有以下幾個好處：不會因不情願低頭而碰破了頭；因為你很自然地就低下頭，不致成為明顯的目標。不會因沈不住氣而想把「屋檐」拆了。要知道，不管拆得掉拆不掉，「傷敵一千，自損八百」，你總要受傷的。不會因脖子太酸，忍受不了，離開能夠躲風避雨的「屋檐」。離開不是不可以，但要去哪裏？這是必須考慮的。而且，離開後想再回來，很不容易。在「屋檐」下待久了，就有可能成為屋內的一員，甚至還可能把屋內人趕出來，自己當主人。

在待人處事中，「一定要低頭」，目的是為了讓自己融入現實環境，把二者的磨擦降至最低，以保存自己的能量，走更長遠的路，更為了把不利的環境轉化成對你有利的力量。這是處事的一種柔韌的權變，更是最高明的生存智慧。

《厚黑學》是一門人人心裏喜愛，嘴裏卻違心痛罵的處事絕學。厚黑得不夠的人，在他人一兩句話之下就可能臉紅心虛，進而俯首稱臣。或是受到他人譏諷、嘲笑，一觸即跳，整天與人鬥得渾天黑地。這種缺乏厚黑修養的人，絕對成不了氣候，不可能有什麼大出息。

你想活得滋潤，成為令人羨慕的厚黑高手，就不得不丟棄你用來飼餵心靈與情緒的那些腐敗食物。什麼是情緒上的腐敗食物？那就是自我憐憫——「為什麼這種事情會發生在我的身上？」是嫉妒——「我不認為他比我行，他只是走了狗運罷了！」是焦慮與恐懼——「這太可怕了！」

由偏見而產生的消極看法，也算是心中的腐敗食物。別人可能由於你的長相、身材而歧視你，打擊你的自信。你一定要挺住，不可被他們打倒。臉皮厚一點，就什麼也無所謂了。

行厚黑貴在堅持。即使在睡夢之中，也片刻不能忘記。「君子無終食之間違厚黑，造次必於是，顛沛必於是。」所謂「養兵千日，用兵一時」，雖說戰爭並沒有爆發，也不可有片刻鬆懈。老虎和獅子能不隨時提高警覺嗎？真正的厚黑大師，必定百折不撓，愈挫愈勇，富貴不忘厚黑，貧賤不離厚黑，威武不改厚黑。不能如此，便不配行厚黑。

傑斯特．哈斯頓是個地地道道的黑人，堪稱美國國寶。美國境內所有的合唱團都免不了唱上一兩首他的歌曲。在黑人靈魂音樂的創作上，他是世界級的頂尖高手，無人能望其項背。

一次，有人問他：「傑斯特，你有沒有遭過種族歧視？」

他回答：「噢！我這輩子一直都受到歧視。不過，我認為自己不該反應過度。我嘗試對別人的歧視充耳不聞。雖然我無法完全釋懷，但我從不記恨，臉上任何時候都不表現出來。」

由此看來，傑斯特就是個深諳厚黑精髓的「洋厚黑大師」，因為他知道如何丟棄心中腐敗的食物，如何以厚臉消除別人的偏見。因此，他一直都是不同種族間溝通的橋梁。他的歌曲突破種族的歧視，唱遍世界各地。

現實生活中，不能正確地對待別人，就一定不能正確地對待自己。見到別人做出成績，出了名，就千方百計地詆毀、貶損對方；見到別人不如自己，又冷嘲熱諷，藉壓低對方抬高自己；處處要求別人尊重自己，自己卻不去尊重別人；在處理重大問題時意氣用事，我行我素，主觀武斷……這類人，幹事業、搞工作，成事不足，敗事有餘，在社會上恐怕很難與人和睦相處。

有位厚黑高手曾經這樣說：大街上有人罵他，他連頭都不回。他根本不想知道罵他的人是誰！因為人生如此短暫、寶貴，要做的事太多，何必為這種令人不愉快的事浪費時間？這位先生的厚黑術的確修煉得極到家，知道該幹什麼、不該幹什麼，什麼事應該認真，什麼事可以不屑一顧。當然，要做到這一點，很不容易，必須經過長期的磨煉。

如果我們明確了哪些事可以不認真，敷衍了事，就能騰出時間和精力，全力以赴，認真地去做該做的事，成功的機會和希望就會大大增加。與此同時，由於我們變得臉厚心寬，不與人計較，別人就會樂於同我們交往，我們的朋友就會越來越多。事業的成功伴隨著社交的成功，豈非人生一大幸事！

4 任何時候都不可輕視對手

精通厚黑之道的人在功成名就時，也時刻保持清醒的頭腦居安思危。他知道，任何時候輕敵，都會給自己帶來麻煩。

楚國令尹斗越椒自恃先輩有功，治國有方，在位期間，人民安居樂業，眾人臣服，在楚莊王削弱了他的權力以後，便胸懷恨意，久而久之，起了謀反之心。後來，他趁莊王率軍討伐陸渾，發動本族人起來反叛。

戰陣上，斗越椒拉弓挺戟，來回馳騁，威風凜凜。楚兵見狀，都面帶懼色。莊王苦思一番，決定智取。

第二天早晨雞叫時，莊王率軍退去。斗越椒得到消息，領兵追趕。楚軍日夜兼程，馳到竟陵以北。斗越椒跑了一天一夜，二百多里路，到了清河橋。楚軍在橋北埋鍋造飯，看到追兵來到，慌忙棄鍋逃走。斗越椒下令：「捉住莊王，才能吃早飯。」眾人只得忍饑挨餓，勉強前進，終於追上楚將負羈的隊伍。

斗越椒問道：「楚王在哪裡？」負羈說：「我看你的士兵又困又餓，不如先吃飽了再去抓楚王吧！」斗越椒聽了他的話，下令停車造飯。

誰知，飯還沒熟，只見楚公子側、公子嬰齊分率兩路大軍殺到。斗越椒狼狽逃竄，奔到清河橋，橋已被楚王拆斷，絕了後路。斗越椒吩咐左右測量水的深淺，做渡河的準備。忽聽河對岸一聲炮響，楚軍在河邊大喊：「樂伯在此，逆賊越椒快下馬受擒！」斗越椒大怒，下令隔河放箭。

這時，樂伯軍中有一小兵，箭射得極好，叫養繇基，軍中稱他是神箭養叔。他請求樂伯，要和斗越椒比箭。得到應允後，養繇基在河口大喊：「河這麼寬，箭怎麼射得到？聽說令尹善於射箭，我想和你比個高低。讓我們都立在橋墩上，各射三箭，死生由命！」斗越椒問道：「你是什麼人？」養餅基回答：「我是樂伯將軍部下的小卒養繇基。」斗越椒一聽對方是個無名小輩，便輕蔑地說：「你要與我比試，必須先讓我射三箭。」養繇基說：「別說射三箭，就是一百支箭我也不怕！躲閃的不算好漢！」於是，雙方止住各自的隊伍。兩人分別站到南北橋墩上。

斗越椒拉弓先發一箭，恨不得一箭把對方射到河裏。養繇基遠遠望見箭隻飛來，用弓稍一撥拉，那支箭就落到水中。隨後高叫：「快射！快射！」斗越椒又把第二支箭搭上弓弦，瞅準了，「嗖」的一聲射出去。養繇基把身子一蹲，那支箭從頭上飛了過去。斗越椒叫道：「你說不躲閃，為什麼蹲下躲箭？不算大丈夫！」養繇基回道：

「你還有一箭，我不躲了。要是這箭也射不中，就該我射了！」斗越椒心想：「他不躲閃，這支箭肯定能射中。」隨即取出第三支箭，端端正正地射去，叫聲「中了！」只見養繇基兩腳站定，箭到時，張開大口，恰好用嘴把箭咬住。

斗越椒三箭都沒射中，心中早已慌了。只是，大丈夫一言既出，不好失信。畢竟他的臉皮還不夠厚，只能叫道：「讓你也射三箭。如果不中，還得換我再射。」養繇基笑道：「要是三箭才能射中你，那是初學者的本事。我只射一箭，就讓你命喪我手。」斗越椒冷笑：「別空口說大話！」心裏想：「哪可能一箭射中？」

誰知養繇基的箭百發百中，他虛拉一弓，然後乘斗越椒躲閃之時，迅速射出一箭，直穿斗越椒的腦袋而過。可憐斗越椒勇力過人，卻因輕視養繇基這個無名小輩，最終命喪敵手。

5 替上司背黑鍋沒有錯

在上司把本來與你無關的責任推到你身上時，你必須「忍」，而且不能在臉上顯露出絲毫不滿。

在日常工作中，很可能會出現這樣的情況：某件事明明是上級領導耽誤了或處理不當，可在追究責任時，上面卻指責你沒有及時彙報或彙報不準確，你應該怎麼辦？《厚黑學》認為，在不影響大局的情況下，不妨替上司把黑鍋背起來。

一般來說，在上司正確的情況下，下屬對他表現出應有的尊重，這比較容易做到。但是，假如覺得上司錯了，下屬的心中就可能憋不住氣，想和上司理論一番，甚至直接指出他的過失。特別是當上司明顯是想把自己的過錯硬安到你頭上，讓你當替罪羊時，你可能很難繼續保持紳士風度。這樣，上司雖然心裏知道你是對的，卻因面子上掛不住，很可能把你視為一個「不識抬舉」的刺頭，往往就可能處處阻礙你晉升加薪的機會。

魯迅曾說：「中國人總是死要面子活受罪。」實際上，不僅中國人如此，古今中外，沒有哪個人不是如此。在人性上，就是有這種相通之處。處於上司職位的人，在下屬面前更是如此。

因此，即使上司做錯了，你也要尊重他，不可攻擊和責難。如果你總是替上司背黑鍋，上司心裏就會對你大增好感。往往有的「黑鍋」你背不起，甚至可能影響你的前程，必須找上司說清楚，比如提出自己的建議和創新、對上司的失誤提出迂迴的變更方案等，他就必然比較容易接受了。

「吃小虧，占大便宜。」許多情況下，替上司背黑鍋，吃的只是表面上的虧，暗中占的便宜不知道要大多少倍呢！

6 讓上司的光芒照到你

你在待人處事中，最需要處理好的就是上下級之間的關係，因為上司、特別是你的頂頭上司，決定著你的事業是否順利，你的晉升管道是否暢通……一句話，你的榮辱興衰，在很大程度上操控於上司之手。

那麼，如何才能讓上司的光芒照到你身上呢？

這裡提供你15項成功的祕訣：

1．忠誠——希望下屬能忠誠地跟隨他，擁戴他，聽他指揮。下屬不與自己一條心，背叛自己，另攀高枝，或者「身在曹營心在漢」，存有二心等等，是上司最反感的事。因此，忠誠，講義氣、重感情，經常用行動表示你信賴也敬重上司，便可得到他的喜愛。

2．精明能幹——上司一般都很賞識聰明、機靈、有頭腦、創造性傑出的下屬，因為這樣的人能出色地完成任務。有能力做好本職工作是使上司欣賞你的前提。一旦你被上司認為是無能無識之輩，並戴上愚蠢和懶惰的帽子，那就很危險了

3．謙遜——謙遜是一種美德。在今日社會，確實很難在任何問題上都保持一團和氣，做一個謙謙君子。但在與上司相處時，謙遜還是非常重要。因為謙遜意味著你懂得尊重他人，有向上司討教學習的意向；意味著「孺子可教」。謙遜可讓你得到更多人的支持，幫助你更有成效地成就事業。

4．關鍵時刻，要挺身而出——俗話說：「疾風知勁草，烈火煉真金。」在關鍵時刻，上司才會真切地認識與瞭解下屬。人生難得機遇，不要錯過表現自己的任何機會。當某項工作陷於困境之時，你若能大顯身手，定會讓上司格外器重你。當上司本人在思想、感情或生活上出現矛盾時，你若能妙語勸慰，也會令其格外感激。此時切忌變成一塊木頭，呆頭呆腦，畏首畏尾，膽怯懦弱，讓上司認定你是個無知無識、無能無情的平庸之輩。

5．誠實——在上司面前，不要吹牛皮，編瞎話，謊報軍情。弄虛作假者，必失信於人。上司若覺得自己被欺，難免惱火，因為你把他當成傻瓜、笨蛋和糊塗蟲，當成不可講真話的人，不信任他。這會在極大程度上傷了上司的自尊心。從長遠看，通過欺騙上司而暫時得到他的好感和自己的榮譽，不可能長久維持。當然，誠實有誠實的藝術，一般要考慮時機、場合、上司的心情、客觀環境等多種因素。否則，誠實也會犯錯，遭致上司的反感和不滿。

6．不要在上司面前太計較個人的利害得失——雖然說，大多數上司考慮下屬的要求，但如果你過於注意物質利益，對你並不見得有利。如果「利益」是你「爭」來的，上司雖然做了付出，卻不見得愉快，心理上可能認為你是個「格調」太低的人，覺得你很愚蠢。另外，如果你的上司是個糊塗蟲，與他爭利益得失，反倒會把你的功勞一掃而光，「利」沒得到，「名」也會喪失。所以說，對於利益，最好是讓上司主動給，而不去「爭」。

7．提建議時，不要急於否定上司原來的想法——提建議時，多注意從正面有理有據地闡述你的見解，特別注意建議的方式要因人制宜。對上司個人的工作提建議時，更要謹慎，了解他是否有雅量接受下屬的意見。不可鋒芒畢露，咄咄逼人。對大大咧咧的上司，可用玩笑建議法；嚴肅的上司，可用書面建議法；自尊心強的上司，可用個別建議法；喜歡受讚揚的上司，可用寓建議於褒獎之中的方法等。切記，不要當面頂撞上司。

8．主動找機會與上司交往——上司需要接近、瞭解下屬，下屬也需要接近、瞭解上司。這是正常的人際交往。你不必因擔心別人的議論而躲避上司。你若希望上司喜歡你，看得起你，首先就要讓上司看得見你。

9．不要在背後議論上司的長短——千萬別忘了「隔牆有耳」這句老話、打小報告的人正在尋找材料告密，你的議論為他的拍馬屁正好提供了機會。倘若他把你的話添枝加葉，傳到上司耳朵裏，你辛勤工作的成績可能會因幾句牢騷話而抵消掉。

10・**多讚揚、欣賞上司**——讚揚不等於奉承，欣賞不等於諂媚。讚揚與欣賞上司的某個特點，意味著肯定這個特點。只要是優點，是長處，對自己有利，你便可毫無顧忌地表達你的讚美之意。上司也是人，也需要從別人的評價中瞭解自己的成就以及他在別人心目中的地位。受到稱讚，他的自尊心會得到滿足並對稱讚者產生好感。如果得知下屬在背後稱讚他，他肯定更加喜歡稱讚者。

11・**體諒上司的處境，理解其難處**——角色換位法，有助於體會上司的心境。有些人單獨工作幹得很好，當了領導後卻一籌莫展，尤其苦於處理各種橫豎關係，並且還負有較大的責任。因此，要主動幫他分憂解難。在其猶豫不決，舉棋不定之時，主動表示理解和同情，並誠懇地做出自己的努力，減輕其負擔，會令他大為高興的。

12・**慎重對待上司的失誤**——上司在工作中出現失誤時，千萬不要幸災樂禍或冷漠旁觀。這會令他大感寒心。能擔責任就擔責任，不能擔責任，可幫助他分析原因，為其開脫。此外，還要幫他總結教訓，多加勸慰。

13・**準確領會上司的意圖**——領會上司的意圖，關鍵在於認真聽取他所講的話。在上司面前，要聽清他所交待之事的每個細節，並搞清楚裏面隱含的用意。

14・適當地順從與認同——上司可能並不比下屬強多少，但只要某人是你的上司，你就必須服務他的命令。人雖然都有一種不願服從別人的心理，但對比自己強的人，一般還是能夠接受的。你有必要多尋找上司優於你的地方，做出尊敬他、學習他的姿態。凡是尊重、服從上司的部下，即使最初上司對他一點好感也沒有，也會逐漸改變印象。只要你認識到尊敬上司的必要性，就會從心理上解除對服從的抵觸，從而擺脫那種恥於服從的情緒。

15・瞭解上司的好惡——無論是誰，喜歡聽的話就容易聽進去，心理上就會覺得舒服。你的上司也不可能擺脫這種情緒。部下要掌握上司的特點。倘若在彙報中插入一些上級平素喜歡使用的詞，自會讓他另眼相待。

此外，對上司的工作習慣、業餘愛好等，都要有所瞭解。如果你的上司是一個體育愛好者，你就不應該在他喜歡的球隊比賽失敗後，去請示一個需要解決的問題。

在任何時候都別忘了：一個精明老練，精通厚黑之道的上司，最欣賞瞭解他，並能預見他的願望與心情的下屬。

7 心裏明白，表面別張狂

古典小說《紅樓夢》中，薛寶釵待人接物不僅謀略高超，而且善於從小事做起。賈元春省親，與眾人共敘同樂之時，製一燈謎，令寶玉及眾裙釵粉黛去猜。黛玉、湘雲一干人等一猜就中，眉宇間甚為不屑。寶釵對這「並無甚新奇」，「一見就猜著」的謎語，卻「口中少不得稱讚，只說難猜，故意尋思。」有專家一語點破：此謂之「裝愚守拙」。這一著頗合賈府當權者「女子無才便是德」之訓。用一句老百姓通俗的話說就是：「心裏明白別張狂」，要學會裝傻。

富有經驗的人都知道，人際來往中，與上司打交道最不容易，因為上司掌握著部屬的命運，弄不好，部屬的前途就全玩兒完了。

厚黑大師告訴世人：與上司交往，最高明的技巧就是——「揣著明白裝糊塗」。也就是說，自己心裏明白，卻不炫耀自己的聰明才智、不反駁上司所說的話。

要做到這一點，非常不容易，必須具備很好的演技。你若不能傻得恰到好處，反可能弄巧成拙。

蘇聯衛國戰爭初期，德軍長驅直入。在此生死存亡之際，曾在國內戰爭時期馳騁疆場的老將，如鐵木辛哥、伏羅希洛夫、布瓊尼等，首先挑起前敵指揮的重擔。但面對新的形勢，他們漸感力不從心。時勢造英雄，一批青年軍事家，如朱可夫、華西列夫斯基、什捷緬科等相繼脫穎而出。這中間，老將們心頭並不是沒有波動。

一九四四年2月，蘇聯元帥鐵木辛哥受命去波羅的海協調一、二方面軍的行動。什捷緬科擔任他的參謀長，與他同行。什捷緬科知道這位元帥對總參部的人心懷疑慮，思想上有個疙瘩。但他心想：「命令終歸是命令，只能服從。」

等上了火車，吃晚飯時，一場不愉快的談話開始了。

鐵木辛哥先發出一通連珠炮：「為什麼派你跟我一起去？是想來教育我們這些老頭子，監督我們吧？白費勁！你們還在桌子底下跑的時候，我們已經率領著成師的部隊在打仗，為了給你們建立蘇維埃政權而奮鬥。你軍事學院畢了業，就自以為了不起啦！革命開始的時候，你才幾歲？」

這通訓話，已經近乎侮辱。什捷緬科卻老老實實地回答：「那時候，我剛滿十歲。」接著又平靜地表達對元帥非常尊重，準備向他學習。

鐵木辛哥見他並未頂撞，只能說：「算了，外交家，睡覺吧！時間會證明誰是什麼樣的人。」

應該說，「時間證明論」是對的。他們共同工作了一個月後，在一次晚間喝茶的時候，鐵木辛哥突然說：「現在我明白了，你並不是我原來認為的那種人。我曾想，你是史達林專門派來監視我的……」

後來什捷緬科被召回時，鐵木辛哥心裏很捨不得和他分離。又過了一個月，鐵木辛哥親自向大本營提出要求，調回這個晚輩前來共事。

身為一個有才華的人，要做到不露鋒芒，既有效地保護自己，又充分發揮自己的才華，成為處世高手，不但要戰勝驕傲自大的盲目心理，凡事不要太張狂、太咄咄逼人，更要養成謙虛讓人的美德。

鮮花盛開，嬌豔張顯的時候，不是立即被人採摘而去，就是走向衰殘。人生也是這樣。當你志得意滿時，切不可趾高氣揚，目空一切，不可一世。如果那樣，你不遭人當靶子打才怪呢！所以，無論你有怎樣出眾的才智，一定要謹記：不要把自己看得太了不起，以為自己是救世濟民的聖人。還是收斂起你的鋒芒，夾起你的尾巴，掩飾起你的才華吧！

什捷緬科在受辱之時裝憨，體現了後生的謙卑及對老人的尊重，是大智若愚的表現。懂得裝傻者絕非傻子，顯得木訥憨厚，有時是最高智慧者才能為之。在待人處事中，許多時候，精明的人往往鬥不過糊塗人，就是這個理。

歸納古往今來，待人處事中這類「裝傻」的謀略，不外乎以下幾種：

1．假裝認錯人，擺脫困窘——《南亭筆記》中記載了一段「民女巧對彭宮保」的故事，說的是：有一女子高臺晾衣，不小心將竹竿掉下，正打在恰好路經此處的彭玉麟宮保大人頭上。彭玉麟自然極為惱火。女子心裏很害怕，因為她已經認出被砸之人是彭玉麟。但惶急中，她卻有意將彭玉麟認作旁人，居然厲聲道：「你喊什麼？聽你這腔調，簡直像個行伍人，沒一點文明氣！你可知道彭宮保彭大人就在這裏？他老人家可是愛民如子。我若告訴他，怕要砍了你的腦袋！」一番裝癡賣傻，以攻為守，寓「捧」於「攻」的巧語，居然化解了一場大禍。因為彭玉麟本來非常窩火，但一聽這不認識自己的民女竟然如此敬重自己、誇自己，也就不覺轉怒為喜，一聲不吭地走了。

2．假裝不認識對方，當面嘲諷——明末，洪承疇原為明廷總督，其後兵敗降清，助清滅明。在一次戰鬥中，清軍俘虜了少年英雄夏完淳。夏完淳恨透了這為虎作倀的叛徒，受審時決意趁機嘲罵他。

洪承疇對夏完淳說：「你小孩子家，造什麼反？只要你歸降，一定前途無量！」

夏完淳回道：「人各有志，我豈能跟你們一樣！我最仰慕我朝的洪承疇先生，要做他那樣的英雄！」他假裝不認識洪承疇，不知洪已叛明投清。

洪承疇愣了一下：「你仰慕洪先生？」

夏完淳語氣堅決：「當然仰慕。當年洪先生與清兵血戰於松山、杏山一帶，矢盡援絕，仍然堅強不屈，最後英勇就義。消息傳來，舉國震動，先帝為之垂涕。這樣的英雄，難道不值得仰慕？」

一番話，說得洪承疇面紅耳赤，非常狼狽。洪承疇的左右忙插話說：「你不要胡說！洪大人此刻正在堂上！」

夏完淳冷笑：「你們才胡說呢！洪老先生早已為國捐軀，天下誰人不知！你們這些賊子還想冒充他，敗壞他的名聲，先生在天之靈，必不會放過你們的！」

一番裝癡賣傻，別出心裁的挖苦嘲罵，把洪承疇弄得無地自容，只好慌慌亂亂地叫人把他押走，結束了這次尷尬的審判。

3・以一種怪異的行徑，來顯揚自己的某種名聲——英國有一個名叫瓊的中年女人狀告宇宙足球廠，要廠方賠償她「孤獨費」。她指控宇宙足球廠生產的足球引誘她丈夫（她的丈夫特別愛看足球賽，是個超級「球迷」），是「第三者」。球廠老闆竟然愉快地接受了此項指控，主動賠給瓊斯太太10萬英鎊孤獨費。是他們瘋了、傻了，胡扔錢？非也！宇宙足球廠的老闆是想以此奇怪的賠償案，傳揚他的廠生產的足球魅力驚人……

8 見人說人話，見鬼說鬼話

在待人處事中，最高明的厚黑高手必是見人說人話，見鬼說鬼話。

有一則笑話，頗能說明如何「見什麼人，說什麼話。」說是某人擅長奉承。一日請客，客人到齊後，他挨個兒問人家是怎麼來的。第一位說是坐計程車來的。他大拇指一豎：「瀟灑，瀟灑！」第二位是個主管，說是親自開車來的。他驚歎道：「時髦，時髦！」第三位顯得不好意思，說是騎自行車來的。他拍著人家的肩頭，連聲稱讚：「廉潔，廉潔！」第四位沒權也沒勢，自行車也丟了，說是走著來的。他也面露羨慕：「健康，健康！」第五位見他捧技高超，想難一難他，說是爬著來的。他擊掌叫好：「穩當，穩當！」

看到這裏，你也許會捧腹大笑。但細細思量之後，定能悟出奧妙之所在。

同樣道理，想贏得上司的好感，就必須時刻留意上司的興趣、愛好，理解他的心思，這樣才能投其所好，「對症下藥」。然而，上司的意圖往往捉摸不定，善逢迎者必須下功夫揣摩上司的心理，然後儘量滿足他的欲望，甚至搶先一步，將上司想說而未說的話先說了，想辦而未辦的事先辦了。自然，上司的回報肯定也會是沈甸甸的。

然而，儘管許多人都知道順著對方說好話很重要，真正能說好話的卻很少。殊不知，「話不投機半句多」，是很掃興的場面。反之，說話投緣，則「言逢知己千句少」，必能給交際成功架起絢麗的彩虹。

那麼，在待人處事中，如何才能把話說到對話者的心坎兒上呢？祕訣就是：「見人說人話，見鬼說鬼話。」

常言說：「狗掀門簾，全憑一張嘴。」待人處事，靠一張嘴，可以吃遍四方。戰國時期，蘇秦原是以「連橫策略」遊說秦王，失敗之後，才改以「合縱方略」遊說六國。他就是典型的「見人說人話，見鬼說鬼話」的例子。難怪李宗吾稱讚他是一代厚黑之雄。

南北朝時期，公明儀善於彈琴。有一天，他突發奇想，對牛彈起悠美動聽的曲子。牛沒有搭理，仍然忙著低頭吃草。「對牛彈琴」的典故就是從這裏來的。

按照這個典故的原意，這裏的牛指愚蠢之人。李宗吾卻認為，這故事中最愚蠢的應該是那個公明儀，因為他絲毫不懂說好人鬼話的道理，自然收不到應有的效果。

待人處事，看到人家喜歡什麼，就順著他喜歡的話去說，順著他喜歡的事去做；看到人家厭惡什麼，忌諱什麼，就避開他忌諱的不說，避開他厭惡的事不去做。這樣，對方就會覺得你是他的知心人，把你視為知己，碰上事情就會多為你說話，替你出力。這就是：多個朋友多條路。

有一位「未來的女婿」初次登女友家門，發現這位女友家的茶杯、茶壺、碗碟等用具都是非常精致的青花瓷器，馬上就判斷出未來的岳父喜歡什麼。他稱讚道：「這青花瓷器古樸典雅，精美極了。」就這句話，把「岳父」大人高興得合不上嘴，他們馬上有了共同的話題，談得非常投機。

當然，也有的交際對象性格比較急躁、直率，講話猶如拉風箱般直來直去，也不太計較別人的說話方式。與這樣的人打交道時，就要開門見山，有話直說，千萬不要兜圈子。有一位大學中文系畢業的高材生在人才招聘會上，面對某公司經理，進行自我推銷時，說話拐彎抹角，半天不切題旨。

她先說：「經理，聽說你們公司的環境相當不錯。」經理點了點頭。她接著說：「現在高學歷的人才是越來越多了。」經理還是點了點頭，什麼也沒說。爾後，這高材生又說：「經理，秘書一般要大學畢業，比較能寫吧？」她的話兜了一個大大的圈子，還是未能道出自己的本意。

豈料，這位經理是個急性子，他喜歡別人與他一樣，說話、辦事乾脆俐落。正因為這高材生未能摸透他的性格，結果話未說完，他便托辭離去了。

由此可見，想根據別人的潛在心理說話，把或說到對方的心坎兒上，就要時刻注意揣摩你的交際對象心裏在想什麼。如果你說的話與對方的心理相吻合，對方就樂於接受；反之，你說的話就會使對方產生排斥和抵觸心理。

在待人處事中，需要與不同身分的人交際、說話，針對不同的身分，所選的話題也應有所不同，即要選擇與對方身分、職業相近的話題。

在競爭激烈的現實社會，人為了生存，會採用各種方法結納力量、分享利益、打擊對手。任何人，只要在社會上做過一段時間的事，多多少少練就一些察顏觀色的本事，就會根據他人的喜怒哀樂，調整和他人相處的方式，為自己謀取利益。這樣做原本無可厚非。可是，「謀取利益」的另一面，有時卻可能造成對他人的傷害。

舉例說吧，你若一聽到別人奉承就面露喜色，有心者便會以奉承之言向你接近，向你要求，甚至向你進行「軟性」的勒索。你若一聽到某類言語或碰到某種類型的人就發怒，有心者便會故意製造這樣的言語，或唆使這種類型的人來激怒你，讓你在盛怒之下喪失理性，失去風度。一聽到某類悲慘的事，或自己遭到什麼委屈，就哀怨滿胸，甚至傷心落淚，有心者瞭解到你內心的脆弱面，便會以種種手段博取你的同情，或故意打擊你情感的脆弱處，以達到他的目的。你若易因某事就「樂不思蜀」，有心者便可能提供可「樂」之事，以遂行其意圖……

9 打一巴掌揉三揉

「金無足赤，人無完人。」下屬難免會犯種種過錯。身為一位握有一定權力的上司，對待有過錯的下屬，必須「打一巴掌揉三揉」。具體來說，「打」的時候心要黑，要真打，並且打在下屬的疼處；「揉」的時候臉要厚，讓下屬體會到你對他發自內心的關心。

美國某公司一位高階主管由於工作嚴重失誤，導致公司一千萬美元的鉅額損失。為此，這位主管非常緊張。第二天，董事長把他叫到辦公室，通知他調任另一同等重要的新職。他大吃一驚，非常驚訝地問道：「為什麼沒有把我開除或降職？」董事長平靜地回答：「若是那樣做，豈不是在你身上白花了一千萬美元的學費？」

這出人意料的一句激勵之語，使這位高級主管打心裏產生巨大的動力。董事長的出發點是：「給他繼續工作的機會，他的進取心和才智有可能超過未受過挫折的常人。」後來，這位高級主管果然以驚人的毅力和智慧，為公司做出了卓絕的貢獻。

下屬工作時出現失誤，本身肯定會自責，並懷疑會不會失去上司的信任。他明白，上司對他若失去信任，意味著什麼。所以，這個時候，上司在批評、斥責之後，別忘了補上一兩句安慰或鼓勵的話。因為，任何人在遭受上司的批評之後，必然垂頭喪氣，對自己的信心也許喪失殆盡，心中可能會想：我在這個單位徹底玩兒完了，再也上不去啦！如此，造成的結果必然是—他更加自暴自棄。

此時，上司若能「打一巴掌揉三揉」，適時地利用一兩句溫馨的話兒鼓勵他，或在事後私下對其他下屬表示：我是看他有前途、能幹，所以狠下心罵他。如此，當受到斥責的下屬輾轉聽到這話，必會深深體會到上司「愛之深，責之切」的道理，肯定會更加奮發努力。

如果上司能在斥責下屬的當天晚上立即打電話給他，給予一番鼓勵和安慰，那麼，遭受斥責的下屬必會心存感激：上司雖然毫不留情地訓了我一通，但他是用心良苦，為我好。這樣，他就會將上司斥責的話牢記在心，大大提高以後工作的自覺性和主動性。就這方面而言，經營管理大師松下幸之助可謂此中高手。

松下認為，經營者在管理上寬嚴得體，十分要緊。在原則和法規面前，應該分毫不讓，嚴厲無比。對那些違犯法規者，必須舉起鍾馗劍，狠狠砍下，絕不姑息。

美國法律的嚴厲，在松下心中留下很深刻的印象。比如嚴重破壞社會治安，有時要判90年的徒刑。這似乎很不可思議。但鞭子重重地舉起來，打下去卻比較輕。那些犯人在監獄期間，由於訓練和反省，表現良好，即可假釋出獄。出獄的人往往懾于法律的威嚴而慎守規矩。這給了松下很有益的啟示。他說：「根據我自己的體驗，用人之道，貴在順乎自然，千萬不可矯揉造作。該生氣的時候就生氣，該責備的時候就責備，越自然越好。」

在日本松下公司，誰能受到老闆的責罵，尤其是親受松下幸之助的責罵，被看作是一件「幸事」，一種「幸福」，認為這是老闆對自己成長的最大關照。

三洋電機的副社長後藤清一於一九二五年，以實習身分進入創業不久的松下公司，受到松下幸之助與井植歲男的薰陶。在後藤的著作《跌倒了就要爬起來》中，曾多次提及他被松下「責罵」而成長的往事。

一個熱天，松下交代後藤留下幾個人加班趕工。工作很緊張，也很累，幾個加班員工卻中途離開工作崗位，到球場打球去了。後藤也正要出門打球，恰好碰到趕來察看的松下。

聽說大家出去玩了，松下很生氣，後藤受到嚴厲的責罵：「違反命令，拋開工作去打球，太不應該了！」

特別令後藤感到痛心的是這句話：「後藤，怎麼連你也做這種事？」因為松下的「連你也……」這幾個字，著實讓他體會到自己在松下心目中地位的重要。

後藤接受了批評，再三道歉，並帶人加班幹完了工作。事後他認為這個「責罵」很得當，雖被「責罵」了，心裏卻總感知到一種喜悅。日後談起這件事，他還深有感觸地說，一邊被「責罵」，一邊感到「自己存在的重要性」，用這種方法責罵部屬，實在太有效了。

一次，後藤違反公司的規定，未經請示，就擅自變更了承包定額單價，被松下知道了。晚上10點，後藤被松下叫去。一見到後藤，正同別人談話的松下立即當眾大聲責罵，客人出面求情也不肯罷休。他一邊罵，一邊用手中捅爐子的鐵通條使勁敲打火爐。待發現通條被他敲彎了，他大聲命令：「你把它弄直了再回去！」

後藤患有貧血的毛病，在這陣暴風驟雨般的責罵聲中，竟因悔恨交加，當場昏倒。松下立即讓人送他回家，並多方關照。第二天剛上班，電話鈴聲響了：「後藤吧？我沒什麼特別的事，只想問一下，是否還介意昨晚的事。若沒有，就太好了。」

後藤大受感動，緊緊握住電話筒，昨晚被痛責的懊惱心情頓時全消。他回道：「心服口服！」

在堅決處罰之後，再通過和風細雨的談話，有勸說，有疏導，有安慰，有勉勵，既能讓下屬心服口服，更可讓他的腦筋徹底轉過彎來。這就是「打一巴掌揉三揉」的厚黑妙招。

10 深藏不露，喜怒不形於色

通常而言，在任何情況下都不改變臉色，遇到不順心的事仍能鎮靜如常的人，在社交場中最受歡迎。你碰上不順心的事，對別人而言，可能根本不值得一提。既然沒有人會關心你的心情如何，又有誰願意看你拉得長長的臉兒？

能做到始終保持自然的神態，喜怒不形於色的人，必是厚黑術已極高段。當然，要真正做到深藏不露，喜怒不形於色，絕非易事。特別是對年輕人來說，更是極難做到。但只要你想做，達到這種境界並不是不可能。每天起床後，或睡覺之前，對自己說一聲：「我決不表現出不耐煩的臉色。」以此警惕自己。或是在日記上仔細寫出來，而且每天持續不斷地做。

現在有不少人患上「疲勞綜合症」，這種人除了工作壓力大之外，很可能是在工作時，臉色常常變化不定的關係。

洛拉卡曾說：「經營者是孤獨的。」按照厚黑學的觀點，豈止是經營者，人本來就是孤獨的，卻又離不開群體。因此，與他人相處，一定要深藏不露。你必須好好地修養自己，做到喜怒不形於色，以免成為他人前進道路上的墊腳石，只能活得更痛苦、更孤獨。

《厚黑學》指出，這個世界上，任何人都靠不住，惟一能夠依靠的人就是你自己。無論你如何愛你的父母、妻兒、朋友等等，他們頂多可以陪伴你、幫助你，卻無法成為你。你若妄想別人能無限量地幫助你，就未免太天真了。除了自己做自己的事之外，別無它法。

所以，你心裏一定要這樣想：「今天一整天，我都不露出不悅的臉色。」

當然，令我們不悅的事很多，有難免會因此而發怒並形之於色。但是，倘若你高興時就露出笑臉，心情不佳時又擺上苦臉，誰又願意與你相處呢？若遇上不愉快的事，或是受了委屈，卻還能不形之於色，而且別人做不到，只有你做到了，人家就不得不佩服你了。

自古以來，凡是成功者，很少有因外界事物而亦喜亦憂的。當然，人有時會高興，有時不免憂愁，但千萬不要被情緒所左右。有高興的事，表現在臉上無妨，但悲哀的事就千萬不要表現出來。因為將一切都表現在臉上，更會促使情緒強烈化，更難忍受悲哀。把仇恨表現在臉上，恨也會加倍。因此，成功立業之人，對這方面都盡量做到不形於色。

你若能做到不隨便改變臉色，就連你的上司也可能對你敬畏三分。因為他無論如何斥罵、嘲諷你，你都能默默承受，連眉頭都不皺一下。這種超級厚臉的修養，需要具有相當的自信才可做到。在你失意或得意時，你都能泰然自若，不表現出不悅之色或驕傲之情，旁人看來，也會覺得你很偉大。

這並非意味著做錯事時可以不道歉。應該道歉時就要道歉，但不必因此感到自己很糟糕、不中用。你要做一個負責任但不卑躬屈膝的人。豐臣秀吉曾說：「人不可以總是感到卑下。」自覺卑賤，是最愚蠢的事。切記：道歉並非卑躬屈膝地低頭，而是坦然地低頭，不致傷害到自己的自尊。

《菜根譚》中說：「雁飛過潭，潭不留影。」只是在飛過的那一瞬間，雁的影子會留在潭面上；飛走之後，潭面又回復到原狀。亦即：外面發生的事，我們當然不能沒有反應，但不要總是拘泥於心。畢竟往事已矣。

日本有一首歌，歌詞大意是：「晴也好，陰也好，富士山始終不變。」平日總不露出不悅的神色，上司也會對你產生敬畏之心。倘若有一天你突然展顏一笑，會令人感到無限的吸引力！

在待人處事中，一個人一旦表現出可愛的樣子，同事和部屬都會覺得親切，使之深得人緣，成為社交場的「寵兒」。

11 厚黑並用，讓人服氣

在工作中，由於某些原因而得罪上司，是很常見的事。有些上司會由此而在某些事情上給冒犯他的人小鞋兒穿。面對這種情況，下屬應該採取什麼樣的態度呢？如果因此而與上司大吵大鬧一番，雖然可以出一口惡氣，卻不能從根本上解決問題，以後他可能照舊給你穿小鞋兒。

假如上司是在給你「合理」地穿小鞋兒，由於他的做法有理有據，無可指責，你很可能找不到理由與他爭吵。即使你去鬧，他也完全可以用非常冠冕堂皇的話打發你，甚至以你在無理取鬧批評你。所以，在這種情況下，只有把臉皮磨厚，任他怎麼對你，都忍下來。

如果你的確有證據表明上司給你小鞋兒穿，而且，他的做法也表現得十分明顯，你便可以與他理論一番。你不妨先個別找他談一回，表明自己的態度。如果他仍堅持己見，執意不改，那麼，就有必要在適當的場合，把事情充分曝光。這樣做，一方面把你們的矛盾公開化，讓其他同事評理，另一方面也表現你的態度，從而給上司造成一種壓力，使他再也不敢輕易給你小鞋兒穿。這樣做當然有其弊端，很可能在日後帶來很糟的影響。

那麼，如何才能徹底制伏給你穿小鞋的上司呢？厚黑大師提供的招數就是：想方設法將他的把柄攥在自己的手心兒，在需要的時候隨時進行敲打，讓他老老實實，不敢再給你穿小鞋兒。比如說，你發現他的婚外情，並掌握了確切的證據。你不必公開揭發，只需用含糊而他能夠聽懂的言辭當眾指出：「有的人在男女關係問題上很不嚴肅，我手裏握有確鑿的事證……」

做賊者心虛。這位上司一聽出你的弦外之音，肯定會被嚇住的，必定不敢再排擠打擊你，而且會大大收斂他的不軌之行。

「世界上的事，怕就怕認真二字。」兔子被逼急了，也會咬人。大多數人都明白這個道理。不叫的狗咬起來更凶，平時沈默寡言、忍氣吞聲的人一旦發起怒來，更令人膽寒。考慮到這一點，即使是本來想欺負你的人，此時恐怕也「惹不起」了。

任何人都有不願讓人知道的隱秘，都怕自己的隱秘暴露在光天化日之下；特別是不怎麼光彩的事，更怕他人知道。因此，制伏對手的最好方法，莫過於揪住他的把柄，讓他的黑心不敢使。

不過，在運用這一招時，除了必須具備厚黑的基本功之外，還要特別注意保密。

具體來說，你抓住的把柄，最好僅限於你一人知道。因為把柄之所以能為你所用，就在一個「隱」字上。一旦公開了，由「隱」變「陽」，它就失去了利用價值。你掌握的秘密一旦公開，牽涉到的人很可能破罐子破摔，毫無顧忌地對你進行報復，那就太划不來了。所以，你只能以使相關者隱約明白的方式閃爍其詞。

每個人都有弱點，這些弱點便是很好用的把柄。比如對性格急躁者，可用激將法，連他的趣味、喜好，也可以用作開其欲望之門的鑰匙。只要拿他最喜歡或最忌諱的東西去誘惑或打擊他，他就必定上鉤無疑。

漢代的朱博雖是一介武生，卻具有相當高超的厚黑本領。他後來調任地方文官，利用厚黑手段，順利地制伏了地方上的惡勢力，被時人傳為美談。

長陵一帶，有個大戶人家出身，名叫尚方禁的小吏，年輕時曾強姦鄰人的妻子，被人用刀砍傷了面頰。如此惡棍，本應重重懲治，只因他花大錢賄賂了官府的功曹，因而沒有被革職查辦，最後還調升為負責治安的尉官。

朱博上任後，有人向他告發了此事。他馬上把尚方禁找來。尚方禁心中七上八下，卻只能硬著頭皮來見。朱博仔細看了尚方禁的臉，過然發現他臉上有疤痕。他將左右支開，假裝十分關心地詢問究竟。

尚方禁作賊心虛，知道朱博已經瞭解他的情況，就像小雞啄米似的，連連叩頭，如實地講了事情的經過。他頭也不敢抬，只是一個勁兒哀求道：「請大人恕罪！小人今後再也不敢幹那種傷天害理的事了。」

「哈哈哈！」朱博突然大笑：「男子漢大丈夫，難免會發生這種事情！本官想為你雪恥，給你一個立功的機會，你能好好幹嗎？」

尚方禁一聽，哪敢說半個不字。朱博知道他已就範，便嚴令他不得向任何人泄露他們的談話內容，要他有機會就記錄一些其他官員的言論，及時回報。

聽到這裏，尚方禁心裏的石頭才算落了地，趕緊表態說，他一定好好幹。

從此之後，尚方禁變成了朱博的親信和耳目。

自從被朱博寬釋且重用之後，尚方禁幹起事來特別賣命。為此，朱博破獲了許多竊盜、殺人、強姦等犯罪活動，使地方上的治安情況大為改觀。

因尚方禁建此大功，朱博提升他為連守縣縣令。

抓刀要抓刀柄，制人要拿把柄。智者在部屬身上發現了弱點，從不會輕易放過，而是抓住他的「小辮子」。這種方法在駕馭不怎麼聽話的部屬時特別有效。

言歸正傳。又過了一段時間，朱博突然私底下召見那個當年收受尚方禁賄賂的功曹，嚴加訓斥，然後拿出紙筆，要他把自己受賄一個錢以上的事通通寫下來，不能有絲毫隱瞞。那功曹早已嚇得篩糠一般，只好提起筆，寫下自己的斑斑劣跡。朱博早已從尚方禁口中知道這位功曹貪污受賄，耍奸弄法的事，看他寫出的交代材料，大致不差，就對他說：「你先回去好好反省反省，聽候本官裁決。從今以後，一定要改過自新，不許再胡作非為！」說完，突然拔出刀來。

那功曹一見朱博拔刀，立時嚇得兩腿發軟，跪落塵埃，嘴裏不住地喊：「大人饒命！大人饒命！」

孰料，朱博將刀晃了一下，一把抓起功曹寫下的罪狀材料，三兩下將其切成紙屑，扔到紙簍裏去了。自此以後，那功曹整天如履薄冰、戰戰兢兢，做起事來盡心盡責，不敢有絲毫懈怠。

仔細分析不難發現，朱博收服尚方禁和功曹的成功，主要靠了厚、黑兩手。其一是厚。雖然他心裏即為厭惡尚方禁，但表面上絲毫不露，讓對方摸不清自己的底牌。其二是黑。按理說，朱博既然已經知道尚方禁是個小人，肯定會將其「炒掉」。然而，他沒有那麼做，在恩威兼施生效後，他充分發揮這小人的特長，讓這小人暗自去監視自己的政治對手和下屬官員，及時向自己打「小報告」。對那位功曹，他更是手腕高超，將對方制的服服帖帖。

12 有時候當個「惡人」也不錯

西方諺語說：「要使一條線變短，最簡單的方式就是在它的旁邊畫一條更長的線。」據此，想驅除敵人的侵犯之意，你固然可以與對方你死我活地打交手戰。不過，「殺敵一千，自損八百」，你勢必也要付出相當的代價才行。《厚黑學》指出：最有效的方式就是展現堅強的實力，暗示對方：「真的要比嗎？你還差得遠呢！」這樣一來，對方自然會知難而退，對你敬而遠之。

現實生活中，有好人，也有惡人。說到頭，做好人還是做惡人，都不過是待人處事中做人的技巧罷了。那麼，做惡人，對自己會有什麼好處呢？

首先，惡人雖然肯定令人討厭，卻勝在有威勢。一個經理或主管以惡人的形象出現，有令下屬敬畏的作用。一般而言，一個主管「偏惡」會遠比「偏善」更能令下屬為其效力。黑口黑面，不講人情的主管當然不受下屬愛戴，卻更能迫使下屬不敢造次，乖乖就範。

其次，許多人不喜應酬，只想靜靜地做事。那麼，他若表現出惡人的形象，便可產生適當的阻嚇作用，就能使他的應酬減到最低程度，賺得清靜。也就是說，利用惡人的形象，一個人可以有選擇性地省去許多不必要的麻煩。

最後，好人傾向於對人堆笑臉，乃至巴結逢迎。惡人板著臉做人，反而塑造出一個嚴肅、認真，令人肅然起敬畏之心的形象。板著臉不但比堆笑臉威猛，也不致那麼使自己委屈。

從上述三點可以想見，雖說許多惡人原就是其性本惡，但也有「本來不惡」的人基於待人處事的需要，故意裝出惡人的形象來與人相處。

在待人處事中，只要做惡人的好處蓋過其壞處，做惡人便合算。做惡人的壞處，最大不了也不過是犯眾怒，少朋友。但是做惡人有選擇的餘地，可以「因人而惡」，從而仍然可以交到自己的朋友。你可以對某些人選擇做好人，對某些人選擇做惡人。何況，做惡人比做好人容易，可以少吃眼前虧。

每個人都有他自己或好或惡的不同形象。一個惡人的「惡」可能是他的真性格，也可能只是個假象，和好人的「好」完全一樣。不過，裝惡人遠比裝好人難。惡人無論是真惡人或假惡人，首先要有一個「惡」的表現。如果你是個天生的開心果，或是那種病態的白面書生模樣，恐怕想惡也惡不出個樣子來。即使你真的本性為惡，卻欠缺了惡人表面上應有的那種威猛。

ch.4

只要是人，多少都會得罪人

——男人「好」會受人尊重，「壞」才有人愛。想出人頭地，就必須厚下臉皮，學會如何做「壞事」，而且不怕別人非議。要根據不同的情況，靈活地運用這種「做壞事」的本事。

1 表面好，內心不一定好

從《厚黑學》的角度考察歷史，由古至今，上至王公大臣，下至少草莽凡夫，不厚不黑而能有所成就的可說是絕無僅有。

因此，梁啟超才說：「一部二十四史，全是帝王家傳。」實際上，按照厚黑教主的觀點，不管是二十四史，稗官野史，甚至是在生活四周稍微留點心，都必然會發現：厚黑處處可見。臉不厚、心不黑者難以成大事。也就是說，你想成就大事，出人頭地，「惟有厚矣黑矣，然後可以心想事成，是是遂心如願。」

從《厚黑學》對人性的分析可以知道，世上之人大多數都有兩大弱點；對愛的專注和對權的迷戀。世人在自己專寵的東西遭到侵害時，往往會喪失理智，難以思考，其結果常常不堪設想。這就是大行厚黑之道者提供了廣闊的迴旋餘地。在厚黑之士看來，世上沒有什麼事是不該做的。你的對手並沒有差錯，你仍可以案中設計下套兒，嫁禍於他。當然，表面上一定要不露聲色，讓他什麼也看出來。

春秋時期，晉獻公征服驪戎，驪戎獻出二女，年紀大的叫驪姬，小的叫少姬。驪姬長得非常漂亮，多機智，把獻公迷住了，兩人日夜形影不離。不足一年，驪姬就生下一子，起名悉齊。

獻公因受惑於驪姬，愛妻及子，便想立悉齊為太子。他把此意對驪姬說了。驪姬心裏很高興，卻想到獻公已立申生為太子，而且太子與另兩個兄弟重耳、夷吾非常友愛，這三人雖不是她所親生，名義上也是母子關係。今一旦無故變更儲位，恐群臣不服，不僅自己的兒子當不成太子，說不定還會遭到不測之禍。為此，她跪在獻公面前哭了起來：「太子申生並無大過，據說諸侯沒有一人說他的壞話，若是為了我母子而將他廢了，人家必說我迷惑你。我寧可死，也不擔這個罪名！」

獻公聽她說得通情達理，大贊其賢淑。

驪姬表面上雖然做得光明磊落，暗地裏卻日夜想著如何陷害申生等三兄弟，奪取太子之位。

某日，她便對獻公說：「申生是我很心愛的兒子，他在曲沃幾年了，我挺掂念他，還是把他召回來吧！」

獻公色迷心竅，以為驪姬所言出自真心，立刻派人往曲沃召回太子。

申生是個知書達禮的孝子，回來拜見過父親，又入宮參見驪姬。驪姬設宴招待，言談甚歡。第二天，申生入宮叩謝，驪姬又留他吃了飯。沒想到，當晚她便跑到獻公面前，哭哭啼啼，編起謊話來。

「怎麼了……是誰侮辱了我的美人兒？」

「就是你的好兒子啊！」

「申生……他怎麼啦？」

「不是他，能是誰？」驪姬哭的聲音更大了：「我一片好心，叫他回來見見面，留他吃一頓飯，沒想到他喝了幾杯酒，就開始調戲我，還說：『父王年老，你又年輕……』我當時很生氣，本想教訓他一頓，可他嘻皮笑臉地說：『這是我家祖傳的先例。祖父去世的時候，父王就接收了他的小妾。現在父王老了，不久就要歸天，按照常理，你不歸我又歸誰呢？』說著還想把我摟住親嘴。幸虧我躲得快，不然……我不想做人了！」說罷，撲到獻公懷裏亂捶亂打撒起嬌來。

「豈有此理，這畜生竟如此無理，真是可惡至極！」

「他還說明天約我去花園呢！如果你不信，到時候去看看就明白了？」

第二天，驪姬又召申生入宮，帶他去花園看花。她打扮得格外漂亮，全身香噴噴的，把香糖沾滿頭髮，一路上引來許多蜜蜂、蝴蝶，在她頭上飛繞。她叫申生過來幫她驅散那些狂蜂浪蝶。申生從命，在她後面揮袖舞。

此情此景，獻公在樓上看得清清楚楚。他怒不可遏，立即叫人綁起申生，推出斬首，嚇得申生滿頭冷汗，莫名其妙。

驪姬跪在獻公面前求情：「你明白真相就行，切不可處決他。他是我叫回來見面的，若殺了他，群臣定會說是我下的毒手。何況這是家事，家醜不可外揚，傳出去多不好聽。請您饒他這一回吧！」

獻公無奈，下令：「把這畜生趕回曲沃！」還派人跟蹤偵察申生的所作所為。

另外，有一次，獻公出城打獵。驪姬派人去對申生說：「我做了一個夢，夢見你媽媽齊姜像我哭訴，說她正在地府裏挨凍受餓，十分淒涼。你做兒子的應該去祭祀她一番。」

申生是個孝子，自然聽話。齊姜的廟在曲沃，他前去拜祭，並且照例把胙肉和禮酒送給他的父親獻公，以盡人子之禮。獻公打獵還未回來，這些胙肉和酒禮全部留在宮中。

過了六天，獻公才回來。驪姬在酒肉裏早加了毒藥，送給獻公，告訴他：「我曾夢齊姜在地府受苦，現在申生把胙肉、禮酒送來了，給你嘗嘗！」

獻公拿起酒要喝，驪姬卻說：「酒肉是外來的，不可大意，試一試才可！」

「對！」獻公順手把酒潑到地上，地上頓時冒起一股白煙。

「咦！怎麼回事？」驪姬假裝不信，又割了一塊肉給狗吃。狗吃了，連叫都沒有叫出一聲，就四腳朝天死了。又拉過來一個小內侍，要他喝酒。小內侍不肯，驪姬令人硬灌下去，小內侍頓時七竅流血而死。

「天啊！天啊！」驪姬呼喊起來：「誰料太子這麼狠心，要毒殺父親！國君的位置早晚是要傳給太子的，多等一兩年都不行了！」說著說著，她跪到獻公面前，淚流滿面，嗚咽著說：「太子此舉，無非是針對我和奚齊。請把這些酒肉賜給我吧！我寧可替君上去死！」說完，一把搶過酒來，做出倒進口的姿態。獻公立即把酒搶過來，憤然摔落地上，氣得說不出話來。

獻公即刻升殿，遍告群臣，大數申生罪狀。隨後派出大批軍隊，威風凜凜地殺奔曲沃。申生聞訊，不聽群臣勸諫，既不擁兵抗拒，又不逃往外國，吊頸而死。

接著，驪姬又故計重施，加禍於重耳、夷吾，逼他們逃往他方。就這樣，驪姬通過一步步厚黑計策的實施，將親生兒子奚齊推到了晉國太子的寶座。

2 同舟未必共濟

「同舟共濟」，本意是說，大家同乘一條船過河。引申其意，則指在困難面前，彼此能夠互相救援，同心協力。通常情況下，同舟共濟之人可以齊心協力，水漲船高。但天下沒有不散的宴席，建立在一定利益之基礎上的「同舟」，總有各奔東西的一天。那麼，在「同舟」的時候，到底應該如何做呢？

《厚黑學》指出：同舟之人未必共濟。在任何時候都要多長點心眼兒。即使睡覺，也要睜一隻眼睛。否則，對你造成最大傷害之人，很可能就是曾經與你「同舟」的人。

王安石在變法的過程中，視呂惠卿為自己最得力的助手和最知心的朋友，一再向宋神宗推薦，予以重用，朝中之事，無論巨細，大多與呂惠卿商量後才實施。所有變法的具體內容，都是根據王安石的想法，由呂惠卿事先寫成文本及實施細則，交付朝廷頒發推行。

當時，變法所遇到的阻力極大，儘管有神宗支持，能否成功卻是未知數。面對這種情況，王安石更是一廂情願地把呂惠卿當成自己推行變法的主要助力，可以同甘苦共患難的「同志」。然而，呂惠卿千方百計討好王安石，積極地投身於變法，卻有自己的小算盤。他不過是想通過變法，撈取個人的好處罷了。對於這一點，當時一些眼光銳利、有遠見的大臣早已洞若觀火。

司馬光曾當面神宗說：「呂惠卿可算不了什麼人才！將來使王安石遭到天下人反對，一定都起因於呂惠卿！」又說：「王安石的確是個賢相，但他不應該信任呂惠卿。呂惠卿是個地道的奸邪之輩，他給王安石出謀劃策，王安石出面去執行，這樣一來，天下人必然將王安石和他都看成奸邪了。」

後來，司馬光被呂惠卿排擠出朝廷，臨離京前，一連數次給王安石寫信，提醒他：「呂惠卿之類諂諛小人現在都依附於你，想借變法之名，作為自己向上爬的資本。在你當政之時，他們對你自然百依百順。一旦你失勢，他們必然又會以出賣你作為新的進身之階。」

呂惠卿的厚臉果然大見其效，王安石對司馬光的警告，半句話也聽不進去。他已完全把呂惠卿當成了同舟共濟、志同道合的變法同志。甚至在呂惠卿暗中搗鬼，迫使他辭去宰相職務時，他仍然覺得呂惠卿對自己如同兒子對父親般地忠順，真正能夠堅持變法不動搖的，莫過於呂惠卿，大力推薦呂惠卿擔任副宰相之職。

王安石一失勢，呂惠卿就被厚臉掩蓋下的「黑心」馬上浮出檯面，不僅立刻背叛了王安石，而且為了取代王安石的宰相之位，擔心王安石還會重新還朝執政，立即對王安石進行打擊、陷害，先勢將王安石的兩個弟弟貶至偏遠的外郡，然後將攻擊矛頭直接指向王安石。

「凶字上面定要蒙一層仁義道德。」呂惠卿的心腸可謂黑得出奇。當年王安石視他為左膀右臂，對他無話不談。一次，在討論一件政事時，因還沒有最後拿定主意，便寫信囑咐呂惠卿：「這件事先不要讓皇上知道。」就在當年「同舟」之時，呂惠卿便有預謀地將這封信留了下來。此時，他便以此為把柄，將信交給了皇帝，告王安石一個欺君之罪。他要借皇上的刀，為自己除掉心腹大患。

在封建時代，欺君可是一個天大的罪名，輕則貶官削職，重則坐牢殺頭。呂惠卿就是希望徹底斷送王安石。雖說最後因神宗對王安石還顧念舊情，沒有追究他的「欺君」之罪，但他畢竟已被呂惠卿「軟刀子」刺得傷痕累累了。

3 臉上笑嘻嘻，殺人不見血

有這麼一種厚黑高手，他們在與自己的競爭對手相鬥時，絕不說對方一句壞話，當面不說，背後不說，甚至不只不說壞話，還在上司面前替對手說好話。因此，對手在失敗之後，可能始終都蒙在鼓裏，看不出在他甜言蜜語掩蓋下的「黑心」。

「軟刀子殺人不見血。」厚黑高手殺人不僅不見血，甚至連刀子也看不到。因為他們在仁義道德之外，又多塗了一層油漆。他們最擅長的就是「借刀殺人」。

歷史上，善用「軟刀子」殺人者不計其數。

清道光年間，軍機大臣曹振鏞當政之時，對政敵的打擊往往不動聲色，卻「言到敵敗」，非常奏效。

他很討厭剛剛擔任軍機大臣的蔣攸恬，兩人面和心不和。但他知道蔣攸恬剛由直隸總督任上調進京城，屬於道光想要的那一類人，時間久了，一旦到皇帝的重用，肯定會影響到自己的權勢，就想找機會把他排擠走。

那時，琦善因處理鴉片戰爭後與英國殖民地的「洋務」不當，被革去兩江總督一職。一天，道光問曹振鏞：「兩江總督地處南海邊陲，與洋人對峙，交往頻繁，職位非常重要，朕想派一個資深望重，久歷封疆的能員去擔任此職，你看誰合適呢？」

太好了！何不利用這個機會，把姓蔣的趕出軍機處。不過，如果由自己提出來，不免授人以排擠同僚的口柄，弄不好還會引起道光的懷疑。思及此，曹振鏞不直接提出由蔣攸銛擔任兩江，而提及正被白蓮教叛亂搞得焦頭爛額，肯定不能調任的川陝總督那彥成。他假裝很認真地對道光說：「臣以為川陝總督那彥成資歷最深，可以調任兩江。」

果然，這個建議遭道光否決：「川陝一帶正發生民亂，那彥成不能調動。」說著，他又看了看曹振鏞。

當時軍機處要員全都在場，蔣攸銛亦在身旁，但曹振鏞就是不再說話。道光見曹振鏞不說話，變環室四周，旋即看到了蔣攸銛，馬上說：「你就是前朝的封疆大吏，去任兩江總督正合適。」

萬歲金口玉言，一言九鼎，此事就這樣敲定了。實際上，蔣攸銛由軍機大臣調任兩江總督，無論從權力還是權位上，都有下放之嫌。所以，蔣攸銛出來後對人感慨地說：「曹公的智巧真可怕呀！他把自己的意思含而不露，卻讓陛下說出來，就無可更改了。這樣的排擠，真是高明至極啊！」

雲貴總督阮文達也為曹振鏞所厭惡。一次，道光偶然談到了阮文達，對曹振鏞說：「阮文達已任總督、巡撫30年。剛到壯年就官居二品，怎麼升遷得這樣快呀？」

曹振鏞回道：「阮文達學問優秀。」

「何以見得？」道光繼續問道。

此時，曹振鏞又玩起他最擅長的「軟刀子」，滿臉堆笑地說：「他現在任雲貴總督，每天與賓客談文刻書呢！」

曹振鏞深知道光的好惡與秉性。道光非常厭惡封疆大吏不事公務，卻與文人墨客談詩論道。是以，曹氏此話表面上稱讚，實際上卻是重重的「參了一本」。

果然，道光聽了之後，好半天沈默不語。不久，阮文達被召回京城，安排了一個有名無實的閒職，此後再也沒有受到朝廷重用。

《孫子兵法》中說：「先勝而後求戰，以虞待不虞者勝。」雖說曹振鏞的所作所為不怎麼光彩，但他活得很滋潤，因為他是厚黑之士，自然也不在乎他人在背後的議論和看法。

西方有句名言：「沒有永久的朋友，也沒有永遠的敵人，只有永久的利益。」這話既是國與國之間相處的準則，更是人與人之間打交道時必須時刻注意把握的基線。《厚黑學》指出：一切明爭暗鬥的焦點，無非就是「利益」兩字。

畢竟，離開了利益，世人還能爭什麼呢？為此，在待人處事中，「合眾弱而攻一強」，與某一方建立合作關係，能否成敗的核心就是「利益」。

戰國時的蘇秦之所以能夠憑藉一張嘴，將互不相屬的六國聯合在一起共同對付強大的秦國，就是用最簡潔的語言，讓各國認清了「合縱」與自己國家的利害息息相關。

戰國中期，著名的縱橫家鬼谷先生的學生蘇秦，一開始本企圖推行連橫政策，鼓動秦惠王用武力兼併天下。由於秦國尚處在整頓內政，養精蓄銳時期，惠王沒有接受他的建議。蘇秦懷著忿恨和不滿，轉而遊說關東六國，組織合縱反秦。

關東六國聯盟建立以後，蘇秦擔任了合縱集團的主持人，接受了六國國相的封號。當時，他的馬車儀仗和資財，已經可以與王侯相比擬了。

4 殺敵必見血，窮寇也要追

李宗吾在《厚黑經》中說：「厚黑之道，易而難。夫婦之愚，可以與知焉，及其至也，雖曹劉亦有所不知焉。夫婦之不肖，可以行之焉，及其至也，雖曹劉亦有所不能焉。厚黑之大，曹劉猶有所憾，而況世人乎。」

厚黑教主在這裏告誡世人：厚黑學的道理，說起來很容易，誰都可以瞭解；厚黑學的做法，做起來很簡單，也是誰都可以實行。然而，厚黑學的精深奧妙之處，就不是隨隨便便就能瞭解和實行的。在待人處事中，欲行厚黑之道，絕不可將其視作兒戲。厚黑學不行便罷，若要施行，就必須無所不用其極，不擇手段，不論何時何地，都不放棄厚黑的基本原則；即使對手已經被你打得趴下，也不心慈手軟，一定要再加把勁，直到對手永遠倒下為止。厚黑無止境，再怎麼狠也不過分。

20世紀二三十年代，在舊天津的商埠上，有兩家老字號的藥店。他們同處一條街，一家叫濟世堂，另一家叫萬壽堂。本來他們相互之間井水不犯河水，各做各的買賣，倒也相安無事。誰知到了30年代初，劉可發繼承父業，做了萬壽堂老闆，他的經商思路和其父大相徑庭。他看不慣其父那種保守的經商之道，從價格、品種等方面，對濟世堂藥店展開了全面攻勢，企圖一舉擠跨「濟世堂」，使萬壽堂成為獨一無二的壟斷性藥店。

生意世家出身的劉可發果然身手不俗，憑著自己年輕、敢想敢幹，經營上有世家的功底，出手幾招，就把「濟世堂」經營每下愈況，雖然很快就反應過來，採取了一系列補救措施，但已無法挽回敗局，終於宣告停業。

劉可發大獲全勝，自然趾高氣揚，打算大幹一場，稱雄「天津衛」。他哪知道，「濟世堂」並未被徹底擊敗，也沒有到非關門不可的地步，憑實力，「濟世堂」完全可以再與「萬壽堂」較量一番。但「濟世堂」的老闆沒有這樣做。他也不願直接對上「萬壽堂」那奪人的鋒芒應戰，弄個兩敗俱傷，而是避開「萬壽堂」的正面進攻，採取以退為進的策略體養生息。

既然不能與「萬壽堂」同街經營，走遠一點總可以吧……不久，「濟世堂」在遠離「萬壽堂」的一條街上重新開張。但鋪面已比原來遜色許多了，昔日大藥店的氣派已蕩然無存。消息傳到「萬壽堂」劉可發的耳朵裏，他不禁喜形於色：「濟世堂，你已經被我擠垮了，再也別想回到這條街上與我抗衡，爭地盤，搶顧客了。」得意之餘，畢竟他的心還不夠黑，沒有進一步施展厚黑殺招，於是放了「濟世堂」一馬。

過了一些日子，「濟世堂」的又一家分號開業了。自然也是小小的鋪面，仍然躲著「萬壽堂」。

有人把這一消息告知劉可發：「老闆，『濟世堂』又開了一家分號，看起來買賣不錯，沒準是想東山再起。最好提防些！」

劉可發不以為然：「怕什麼！那種小藥店，成不了氣候！藥店靠的是信譽，大藥店才能讓顧客放心大膽地買藥。我看他們是在一個地方混不下去了，不得已而為之。不用怕！」

往後很長一段時間內，「濟世堂」陸續開了幾家類似的小藥店，而「萬壽堂」的生意也差不多，兩者相安無事，以前搶奪「地盤」的恩怨似乎已經過去。不料，三年後，「濟世堂」突然一招「回馬槍」，將平靜的水面攪渾。「濟世堂」老闆出人意料地宣布，將在老店舊址重新開業。此前，他們已暗暗從買主手中買回了店址的產權。

經過一番維修、裝潢，「濟世堂」在鞭炮聲中重新殺回了「萬壽堂」的旁邊。劉可發聽到消息，驚駭不已。他沒想到被自己已經打得趴下的「濟世堂」還會捲土重來……他重新組織力量，企圖再像三年前那樣發動一次商戰，趁「濟世堂」立足未穩，把它再一次趕出去。可他很快發現，這已是不可能了。到這時他才察覺到，「濟世堂」在這三年中所開發的一批分號，以形成一個完整的體系，其內部採取統一的經營方針，集中進貨，分散銷售，自然銷量大增。此時，「萬壽堂」周圍已布滿「濟世堂」的分號，在「濟世堂」的層層包圍之中。

自從「濟世堂」總店恢復之後，買賣熱鬧非凡，十分紅火，顧客絡繹不絕，再加上分號的銷售，每年盈利非常可觀。而「萬壽堂」的生意較以前清淡了許多。

從上述例子不難看出，起初，萬壽堂劉老闆心黑臉厚，在各方面針對「濟世堂」展開進攻，使「濟世堂」處於絕對劣勢。然而，在對手被打倒之後，他卻心慈手軟，沒有緊緊追擊，痛下殺手，對於得到的一些消息，也沒能正確分析出新的經營方針，最終導致自己失利。

在戰場上，兵家運用「窮寇勿追」的策略，意在佯釋敵人一條生路，使對手氣怯，不欲決一死戰，抱著僥倖之心逃跑。

但是，對於已經被「趕走」的競爭對手，絕不可放任不管，放虎歸山，而應該尾隨其後，只是稍鬆一些，不過分緊逼。不緊逼的目的是為了「累其氣力，消其鬥志」，進而減退其勢，達到最後消對手的目的。

5 青出於藍，才能出人頭地

在職場，下屬想求得發展，必須時時抱住上司的大腿，拍拍馬屁。但是，千萬記住，在抱大腿、拍馬屁的時候，可別假戲真做，鬧成了對上司的偶像崇拜。

好上司如同良師益友，的確很重要。只是，現實生活中，良師益友難尋，反倒是偽善的惡友多有所在。如果你在與惡友交往的過程中，能夠確保自己不被感染，那盡可跟他交往。因為你有制伏惡友的能力，跟他交往之後，你起碼可以瞭解他惡的一面，將來才不致受騙。

壞的上司跟惡友一樣，雖然你覺得他們特別討厭，但又避不開。如果你具備了不被壞上司踩倒的能力，甚至具有踩倒對方的本事，對方一定會低頭認輸，在你面前服服帖帖。當然，在與壞上司打交道中，你應該「以壞制壞」。

要之，不論你的上司是好是壞，你都必須超過他，取代他。就像孩子必須將父親所擁有的一切優點完全吸收，才有能力向父母報恩。若只依靠父親，能力無法超越父親，這種孩子只能徒然增加父親更多的心理負擔。

古時候修煉武功的弟子住在師傅家裏，要做與武功完全無關的清掃工作。經過一番苦心，接受師父徹底的訓練，才能慢慢進步，學到種種武功。等功夫學成，師父會說：「我已經沒有什麼可以再教給你了。今後你到江湖上歷練，與高手對招，再多學習一些其他門派的奧妙武功。」此時的弟子等於已經吃掉了師父，因為他已學會了師父所有的武功了。

「青出於藍而勝於藍。」一個人想要長得健壯，就必須把自己所接觸到的一切人物之優點吸收，甚至吸淨。在此過程中，上司會說：「好！要吃就儘量吃吧！我不會輕易被你吃光，而且你也無法吃光。我為了積蓄這麼多功夫，曾花費了好幾十年的時間，難道你只花幾年，就能把我的精華全部吸光嗎？來吧！不必客氣！」能夠這樣挺起胸膛接受挑戰的上司就是偉大的上司，你必須發揮全力與之抗衡。

不肯努力，也不願用功，更不多方考慮工作的方法，只是一味批評上司不好，再加上自己本身實力又不充足，根本就甭想超越上司。你既不能吃掉他，又不能吸盡他，就只能步入落伍者的行列，最終被淘汰。

將上司所擁有的一切優點、特長，以及工作上的技能，完全接收過來，每天下功夫研究，如此持續數年，上司覺得沒什麼可教你了，就會把棒子交給你。此時，你才算是真正吃掉了上司。

6 使對手有理也沒處說

「厚黑學這門學問，等於學拳術，要學就要學精，否則不如不學，安分守己，還免得挨打。若僅學的一兩手，甚或拳師的門也未拜過，一兩手都未學，遠遠望見有人在習拳術，自己就出手伸腳打人，焉得不為人痛打？」

掘井之時，在未掘到水源之前，不管你挖的多深，終究只能是一口廢井。行使厚黑，在未純熟之前，不管你行使了多久，終究很難達到自己的目的。雖說學習猶如逆水行舟，不進則退，但凡學藝不精，大不了也只是學藝不精而已，唯獨厚黑學不同，它猶如走鋼絲之人，稍有不慎，就可能被摔得粉身碎骨。

那麼，當你已經習成很高深的厚黑大法，並且以厚黑之術將競爭對手打得趴下，又該如何保住自己所取得的的戰果呢？

厚黑教主李宗吾說：「五穀者，種之美者也，苟為不熟不如荑稗。夫厚黑亦在乎熟之而矣。」意即：行厚黑一定要徹底。具體地說，就是當你將競爭對手打得趴下，一定要防止他東山再起，反咬你一口。最好的辦法就是：心狠手辣，落井下石，使對手有理沒處說，根本沒有反手的機會。

漢元帝儒弱無能，寵信宦官石顯，一切為石顯之言是聽。朝中有個郎官，名京房，字君明，東郡頓丘人。他精通易學，擅長以自然災變附會人事興衰。鑑於石顯專權，吏治腐敗，京房制訂了一套考課吏法，以約束各級官吏。元帝對這套方法很欣賞，下令群臣與京房討論施行細節。但朝廷內外多是石顯羽翼下的貪官汙吏，考核吏法，就是要懲治和約束這些人，他們怎可能同意推行？

京房心裏明白，不除石顯，腐敗的吏治根本不能改變。於是，他藉一次元帝宴見的機會，一連提出七個問題，歷舉史實，提醒元帝認清石顯的面目，除掉身邊的奸賊。可事與願違，他一番語重心長的勸諫並未使元帝醒悟，絲毫沒有動搖元帝對石顯的信任。

既然考核吏法不能普遍推行，元帝就令京房推薦熟知此法的弟子做試點。京房推薦了中郎任良、姚平二人去任刺史，自己要求留在朝中坐鎮，代為奏事，以防石顯從中作梗。

石顯早就把京房視為眼中釘，正欲尋機將他趕出朝廷。此時，他順勢提議讓京房擔任郡守，以便推行考核吏法。元帝不知石顯用心，任京房為魏郡太守，在那裡視行考核吏法。

郡守的官階雖然高於刺史，但沒有回朝奏事的權利，還要接受刺史監察。京房請求魏郡太守不隸屬刺史監察之下和回京奏事的特權，元帝應允。京房還是不放心，於赴任途中三上密章，提醒元帝辨明忠奸，揭露石顯等人的陰謀詭計，又一再請求回朝奏事。元帝還是聽不進京房的苦心忠諫。

一個多月厚，石顯誣告京房與岳父張博通謀誹謗朝政，歸惡天子，並牽連諸侯王，京房被捕入獄，後來死於獄中。

京房死後，朝中能與石顯抗衡的唯有前御史大夫陳萬年之子陳咸。此時陳咸為御史中丞，總領州郡奏事，負責考核諸州官吏。他既是監察官，又是執法官，可謂大權在握。況且他正當年輕氣盛，無所畏懼，才能超群，剛正不阿，曾多次上書揭露石顯的奸惡之行，石顯及其黨羽皆恨之入骨。在石顯指使下，群奸到處尋找陳咸的過失，欲趁機除掉他。

陳咸有一好友朱雲，是當世經學名流。有一次，石顯同黨少府五鹿充宗設壇講《易》，仗著元帝的寵幸和尊顯的地位，沒有人敢與他抗衡。有人推薦朱雲。朱雲因此出名，蒙元帝召見，拜為博士。不久出任杜陵令。後又調任槐里令。他看到朝中石顯專權，陳咸勢孤，丞相韋玄成阿諛逢迎，但求自保，變上書彈劾韋玄成懦怯無能，不勝任丞相之職。石顯將此事告知韋玄成，從此韋與朱結下仇恨。

後來官吏考察朱雲，有人告發他譏諷官吏，濫殺無辜。元帝詢問丞相。韋玄成當即說朱雲為政暴虐，毫無治績。此時陳咸恰好在旁，便密告朱雲，並代他寫好奏章，讓朱雲上書申訴，請求呈交御史中丞查辦。

然而，石顯及其黨羽早已控制中書機構，朱雲的奏章被仇家看見，將其交給石顯。石顯批交丞相查辦。丞相管轄的官吏定朱雲殺人罪，並派官緝捕。

陳顯聞知，又密告朱雲。朱雲逃到京師陳咸家中，與之商議脫險之計。石顯的密探查知，馬上報告丞相。韋玄成便以執法犯法等罪名上奏元帝，終將陳、朱二人拘捕下獄，判處服苦役，修城牆的刑罰，除掉了兩個心腹大患。

7 厚臉相待，以黑制黑

綜觀古今，不難發現，那些能夠在危難中保全自己的厚黑之士，全都懂得以退為進，以忍為攻，以厚對厚，以黑制黑。

戰國時代，有一位忍辱負重，奮鬥不息，以厚對厚、以黑制黑的傑出軍事家，他一生坎坷不平，甚至連真實的姓名都沒留下，只以其曾遭陷害，受過臏刑（砍掉兩塊膝蓋骨的刑罰），故史書上稱他孫臏。據說，孫臏是大軍事家孫武子的後代。

孫臏少年時期便下決心學習兵法，準備幹出一番大事業。成年後，他出外遊學，到深山裏拜精通兵法和縱橫捭闔之術的隱士鬼谷子為師，勤奮地學習排兵布陣之術。鬼谷子把《孫子兵法》傳授給孫臏，而沒有傳給孫臏的同學龐涓。不到三天，孫臏便能背誦如流，並且根據自己的理解，闡述了許多精闢獨到的見解。鬼谷子為他奇異的軍事才能而興奮地說：「這一下，大軍事家孫武子後繼有人了！」

龐涓，魏國人，此人可說是厚黑大家。李宗吾在《厚黑學》中說曹操心黑。實際上，龐涓之心黑一點也不亞於曹操。他對孫臏的才能十分嫉妒，更想得到《孫子兵法》這部軍事奇書，表面上卻裝作和孫臏很要好，並相約以後一旦得志，彼此互不相忘。後來，龐涓先行下山，回到魏國不久，便得到魏王重用，便拜為元帥。龐涓帶領魏國軍隊，先後打敗衛、宋等小國，以及強大的齊國，名聲大振。魏惠王非常高興，請龐涓同實可口的蒸羊，說：「寡人得龐元帥，猶如周文王得姜太公。」

志得意滿之餘，龐涓新裏暗想：「天下只有孫臏是我的敵手。有孫臏在，我怎能無敵於天下呢？」

於是，為了讓忠厚的孫臏為己所用，他特意派人帶著黃金和親筆信，往邀孫臏下山，共同輔佐魏王。孫臏到來之後，他熱烈歡迎。可當魏王要重用孫臏時，他卻暗中耍手段，讓魏王封孫臏一個沒有實權的客卿。

善良又忠厚的孫臏自然對不忘舊日同窗之誼的龐涓感激萬分。然而，半年之後，龐涓卻玩弄陰謀，捏造罪名，誣陷孫臏私通齊國，對他施以臏刑，臉上也刺了字，目的在於從精神上消蝕孫臏的意志。

對龐涓所做的一切，孫臏起初毫不知情。待他終於發覺陷害自己的元兇就是自己的師兄龐涓，又驚又悲，下決心報仇雪恨。但是，如何擺脫智謀奇高、臉厚心黑的龐涓呢？經過慎重考慮，孫臏決定以厚對厚、以黑制黑。具體地說，就是先裝瘋騙過龐涓，設法逃往別國，然後再圖報仇。

就這樣，孫臏裝成得了瘋病的樣子，一會兒嚎啕大哭，一會兒嘻皮笑臉，做出各種傻相，或唾沫橫流，或說話顛三倒四，又把抄寫的《孫子兵法》竹簡翻出來燒掉。

然而，龐涓畢竟非等閒之輩，想騙過他，談何容易！剛開始，龐涓怎麼也不相信孫臏真的瘋了。

為了試探孫臏是真瘋還是假瘋，他讓人把孫臏拖進豬圈。孫臏躺在豬圈的爛泥中，弄得滿身污穢不堪。看著孫臏在豬圈裏爬行，毫不在意的樣子，龐涓又讓士兵送上酒食，哄騙孫臏：「吃吧！相國不知道。」孫臏怒目而視，罵不絕口：「你們想毒死我嗎？」隨手將酒食潑翻在地。龐涓又讓士兵給孫臏送去乾糞便和泥塊，孫臏反倒當成好東西，吃得津津有味。

到此時，龐涓仍不相信孫臏真瘋。他故意放孫臏出去，然後暗中派人監視。孫臏滿臉污垢，一身髒兮兮、臭烘烘，在大街上伸手向路人乞討，東遊西逛，與真正瘋子毫無二致。

龐涓派人盯了好幾天，沒有發現可疑之處，便相信孫臏是真瘋了，疑心稍解。

就這樣，孫臏終於以超常的厚，騙過了厚黑高手龐涓。龐涓一念之差，便給自己留下後來的殺身大禍。假如當時龐涓管他孫臏真瘋還是假瘋，將其宰掉了事，哪還會有後來的麻煩？可見，龐涓的「心子之黑」還不到家。

不久，齊國使者來到為國。齊使暗中探訪孫臏，把他藏入車中，帶回齊國。

在一次王公貴族的賽馬活動中，大將田忌將足智多謀的孫臏推薦給齊威王。在威王面前，孫臏暢談兵法，盡敘平生所學，受到威王的賞識，被任命為齊國軍師。從此，孫臏開始在戰國風雲聚會的軍事舞臺上大顯身手。他等待著機會，準備以黑制黑，將龐涓這個黑心小人制於死地。

公元前三五四年，魏國派龐涓率大軍圍攻趙國都城邯鄲，企圖一舉消滅趙國。趙王向齊國求救。孫臏和田忌商量，提出「圍魏救趙」的作戰方針。以此計，不但解了邯鄲之危，並在次年的桂陵之戰中以逸待勞，大破魏軍。此戰，魏軍幾乎全軍覆滅，龐涓僅率少數兵士倉皇逃脫。

桂陵之戰後十三年，魏王又派龐涓率兵攻韓。齊王答應救援，派田忌為大將，孫臏為軍師，攻魏救韓。

孫臏冷靜分析了敵我雙方的具體情況，根據魏軍悍勇輕敵和急於求戰的心理，提出退兵減灶的作戰方針，忍一忍魏軍狂妄之氣，誘敵深入。齊軍故意做出怯戰的樣子，逐次減少營中鍋灶，暗示齊軍已有兵士逃亡，以此麻痺敵人。

魏軍果然中計，窮追猛趕。齊軍一退再退，最後在山高路窄、樹多林密的馬陵道設下埋伏。同時，孫臏還命人把路旁一棵大樹樹皮刮去，寫上「龐涓死於此樹之下」

八個大字，並吩咐士兵：「夜裏發現紅光，就一齊放箭！」

天黑之後，龐涓率兵馬不停蹄地追到馬陵道，但見路上橫七豎八地，躺著許多木頭。他命士兵下馬下車，準備開路追擊，卻忽然看見路邊的白色樹幹上隱隱約約刻下幾個大字。龐涓疑心特重，忙命人點火觀看。沒等看完，他已連叫不好。但為時已晚，齊軍亂箭齊發。魏軍頓時陣勢大亂。此時四面被圍，敵箭如雨下，既無法抵抗，又無路可逃。龐涓身負重傷，眼見敗局已定，絕無挽回的餘地，只好垂頭喪氣地拔箭自刎。

此戰，齊軍大獲全勝。這就是歷史上著名的「馬陵之戰」！

這也是歷史上設伏殲敵的經典案例——孫臏則從此名揚天下。

孫臏的確是個傑出的軍事家，也是個深知忍字秘訣的厚黑頂尖高手。面對命運的不公，「朋友」的誣陷，他不僅隱忍不發，潛心等待時機到來，而且能夠以厚對厚、以黑制黑，擺脫困境，制對手於死地。

8 心慈手軟，倒楣的往往是自己

社會很現實，競爭更是殘酷，對自己的對手心慈手軟，下不了手，就是對自己殘忍；對團體所面對的競爭對手慈悲，就是為自己的團體樹強敵。

李宗吾說：「我發明厚黑學，一般人未免拿來用反了，對列強用厚字，搖尾乞憐，無所不用其極，對國人用黑字，排擠傾軋，無所不用其極，以致把中國鬧得這樣糟。我主張翻過來用，對國人用厚字，事事讓步，任何氣都受，任何舊賬都不算，對列強用黑字，一點氣都不受，一切舊賬，非算清不可。」

齊桓公死後，宋襄公自視爵高位顯，想取代桓公的霸主地位。趁齊國內亂，他幫助齊太子昭坐上國君之位。這一下，他自認為宋國真的強大得不得了了，竟不自量力地擺起霸主的架子。然而，在這一切憑實力說話的時代，眾諸侯哪可能買他的帳。

宋襄公見諸侯不買自己這個「霸主」的賬，便想借助楚、齊的威力壓服各方，然後再借諸侯之力壓制強楚。他派人重賄楚國，約定次年春會盟於齊國的盂上之地。齊孝公因為是靠襄公的幫助上臺，只好答應按時到會。

會盟期到，宋襄公的弟弟目夷建議襄公帶軍隊前往，不要對強楚掉以輕心。襄公為了表示自己很講「信義」，不僅不聽目夷的話，他怕目夷在他走後暗地派兵前往護駕，便帶著目夷一同赴會。他萬萬想不到，早就有圖霸之心的楚國竟然兵圍盟壇，把他俘虜了，並挾制他，向宋國進兵。

好在目夷已趁亂從盂上之地逃回宋國，並緊急做了部屬，加強睢陽城的防務。楚軍壓境，目夷權宜，繼任宋國國軍。本來視宋襄公為奇貨，一心想拿襄公要挾宋國的楚王大為光火，下令攻城。結果連攻三天，毫無所獲。楚王無奈，只好撤兵放人。就這樣，宋國免除了滅國之危。

按說，由於宋襄公的愚蠢，宋國差點被毀，特別是當襄公身限囹圄，國勢危難之時，目夷毅然挑起悍國衛土的重任，就任國君之位，以他出色的才智和勇敢，粉碎了楚國吞併宋國的陰謀，就應該心安理得地把這個國君當下去。可才智出眾的目夷臉不厚、心不黑，在襄公獲釋之後，馬上退位，仍舊擁護襄公重任國君，自己復居臣位。

從《厚黑學》的角度看，目夷的這種做法並不可取。因為目夷當國君，對宋國來說，比由宋襄公復位有利得多。可他竟然為了道義，不顧國家之利，讓一個滿空口講「仁義道德」的傢伙再次執掌國家大權，從而埋下了大敗的隱患。

盂地之盟，宋襄公因固執地要對強楚行仁義，被楚王嘲弄了一番，險些國破身亡，按理說，此後他應該學得乖一點了，可他依然堅持不在該講仁義的地方大講仁義，結果吃了更大的虧。

公元前六三八年3月，鄭文公朝楚。就是這個鄭文公，當初會盟時首先倡議尊楚王為盟主，現在又帶頭向楚王朝拜了。這很使仍做著霸主美夢的宋襄公難以忍受，於是不顧實際，貿然興兵伐鄭。宋軍攻鄭，楚國豈能袖手旁觀？楚王派成得臣為大將、斗勃為副將，率兵伐宋。

宋襄公與司馬子魚緊急研究對策。司馬子魚問襄公靠什麼取勝？襄公回答：「宋國雖然兵甲不足，但仁義有餘。從前武王只有三千猛士，卻戰勝了殷紂王的上萬軍隊，靠的即是仁義。」

於是，襄公在戰書末尾批上十一月初一，雙方在泓陽交戰。他下令製作一面大旗，插在大車上，上書「仁義」二個大字。

司馬子魚暗暗叫苦，私下裏對樂樸依說：「戰爭本來是依靠謀略的運用，如今卻大講仁義，我不知道我們國君的仁義在什麼地方啊？上天奪去了國君的靈魂，已到危險關頭！我們一定要小心行事！若能事國家不致滅亡，就萬幸了！」

楚帥成得臣在泓水岸北駐紮。大將斗勃請令：「我軍應五更時渡河，以防宋兵布好戰陣攻擊。」

成得臣笑道：「宋君做事迂腐至極，一點也不懂兵法。我軍早渡河早交戰，晚渡河晚交戰，有什麼可擔心的？」

天亮以後，楚軍才開始渡河。司馬子魚請宋襄公下令出擊：「楚軍天亮才渡河，過於輕敵。我們應該乘他們沒渡完，衝上前廝殺。這是以我們全軍攻擊他們的部分。如果讓他們全部渡過河來，楚兵多，我軍少，恐怕不能得勝……」

襄公指著那面上書「仁義」的大旗，回答：「你看見『仁義』二字了嗎？我堂堂正義之師，豈有乘敵軍渡河方一半即出擊的道理？」

司馬子魚又暗暗叫苦。

帶楚兵全部渡過了河，成得臣戴著精美的帽子，上面扎著玉纓，上身繡袍，外著軟假，腰掛雕弓，手執長鞭，指揮士兵東西布陣，氣宇軒昂，旁若無人。司馬子魚又對襄公說：「楚軍正在布陣，尚未形成隊列，現在立即擊鼓進攻，楚軍一定大亂。」

襄公往他臉上吐了一口唾沫：「呸！你貪圖一次衝鋒獲得的小利，就不怕喪失千秋萬代的仁義之名嗎？我堂堂正正之師，豈有乘敵人未列成陣就進攻的道理？」

司馬子魚聞言，懊喪不已。

楚兵擺好陣勢，只見人強馬壯，漫山遍野。宋軍人人面帶懼色。此時，襄公才下令擊鼓。楚軍也響起戰鼓。襄公舉起長矛，率官兵催馬向楚陣衝去。

成得臣見宋兵來攻，暗自傳下號令，打開陣門，只放宋襄公車馬進陣。經過一陣衝殺，宋軍大敗，那面「仁義」大旗也被楚軍奪走。襄公身上受了許多傷，右腿中箭，已站不起身來。幸好司馬子魚趕來，把他扶到自己車上，並且用自己的身體躺在前面，奮勇向外衝出。等到衝出楚陣，護衛的官兵已沒有一個生存。成得臣乘勝追擊。司馬子魚與襄公連夜逃回都城，不久，襄公傷重而亡。

凡是敵人，能俘虜的就應俘虜，還分什麼年紀大、年紀小？受了傷的敵人，他不放下武器，你不殺他，他也不殺你嗎？何況當時宋軍正被楚軍打得落花流水，哪還談得上殺楚軍的傷兵和俘虜楚軍呢？舉國上下，沒有不譏笑他的。

心慈手軟對政治家、軍事家來說，都應該算是致命的弱點，導致他們失敗的一個重要原因。因為他們面對的是你死我活、你上我下的鬥爭，對敵人仁慈就是對自己殘忍。這個道理顯而易見。比如楚漢之爭，本是你死我活的事，項羽在關鍵時刻卻來個「婦人之仁」，放了劉邦一馬。結果是縱虎歸山，釋龍入海，項羽最後只能在烏江岸邊唱「霸王別姬」了。

9 以其人之道，還治其人之身

「狹路相逢勇者勝，以厚對厚智者勝。」對於厚黑之人，不妨以其人之道，還治其人之身，用比他更厚更黑的招數，讓他吃不了，兜著走。

宋真宗時，王曾以厚黑之術，除掉另一個厚黑人物丁謂，就是很好的一例。

丁謂是北宋時代一個有名的奸相，真宗時官拜三司使，加樞密院直學士。他多才多藝，通曉詩、畫、博奕和音律。正因為有才，被重才的宰相寇準推薦為參知政事，做了宰相的副手。

他生性奸狡過人，善於附炎趨勢。真宗初年，權臣王欽若得勢，他專投王欽若所好，唯王命是從。王欽若失勢，被罷去宰相之職，他騙取了寇準的信任。

真宗大中祥符年間，他勸誘皇上封禪祀神，大行虛誕邪僻之事。他迎合君意，對當時朝臣皆不多言的修建宮殿之舉極力慫恿。他對真宗說：「陛下富有天下，建一宮崇奉上帝，有何不可？」真宗隨即命他總管建宮之事。結果他大肆鋪張，不惜擾民害命。所建玉清昭應宮，精美絕倫。工程中間稍有不合意處，即推倒重造，理財部門絲毫不敢阻攔。為了建宮，他又令在南方大肆伐木，百姓服役者死亡無數，許多死亡者被誣指為畏罪逃亡，家中妻兒也被網織入獄。儘管當時的朝臣紛紛上疏，要求殺之以謝天下，但真宗一意保護，他安然無恙。

寇準任宰相時，丁謂為得到寇準的推薦和提攜，對寇準十分恭順。然而，有一次，他當眾為寇準擦拭鬍鬚，遭到寇準奚落，竟懷恨在心。待他的權位已與寇準不相上下，翅膀硬了，便聯合了一幫人，開始對寇準進行陷害和排擠。他對真宗說：「寇準與內外大臣勾結，形成一個人多勢眾的朋黨；他的女婿又在太子身邊為官，誰不怕他？如今朝廷大臣，三成有兩成都依附他。」要真宗防備。

天禧四年（一〇二〇年），宋真宗得病，不能理政，皇后劉氏開始干預朝政。因寇準過去曾鐵面無私，懲治了劉皇后濫行不法的親戚，劉皇后心下暗恨，現在自己執掌權柄，自然要乘機報復。丁謂見有機可乘，變串通劉皇后，向真宗誣告，說寇準欲挾太子奪權，架空皇上。真宗耳根子輕，竟將寇準免職，以丁謂代之。

丁謂大權在握，又找茬兒將寇準貶了官，發落到外地任職，要他遠離京師，永絕還朝的希望。其實，當時真宗對寇準還很器重，想有朝一日再行起用，便讓丁謂把寇準安排到一個小州去當知州。可丁謂擅將聖旨改成「奉聖旨，任寇準為遠小處知州。」一致寇準「月內三黜」，直至被遠貶為道州司馬。此後，丁謂成了朝廷單手遮天的人物。他恃勢恣橫，為所欲為，朝臣為之側目。

乾興元年（一〇二二年）二月，真宗病逝，仁宗趙禎即位。丁謂繼續把持朝政，上欺仁宗，下壓群臣，威勢赫赫，更甚於前，誰也不敢惹他。

此時，丁謂以兩大絕招，將厚黑術發揮到了極至。一個絕招是把仁宗孤立起來，不讓他和其他臣僚接近，文武百官只能在正式朝會時見到仁宗。朝會一散，各自回家，誰也不准留身，單獨和皇上交談。第二個絕招是排除異己。凡是稍有頭腦，不附和他的執政大臣，他一律扣上一個罪名，將此人從朝中趕走，所以朝廷中一切軍國大事以他的意志為意志。輿論一色，政見一致，似乎安定團結得很。

丁謂高聚於權勢頂峰，自以為穩如泰山，可高枕無憂。然而，就是這樣一個厚黑之士，終遭另一個道行更高的人暗算。

參知政事王曾雖身居副宰相之位，卻整天裝成迷迷糊糊的憨厚樣子，在宰相丁謂面前總是唯唯諾諾，從不發表不同的意見。凡朝中政事，只要丁謂所說，一切順從。朝會散後，他也從不打算撇開丁謂，單獨留下來向皇上奏事。日子久了，丁謂對他越來越放心，乃至毫無戒備。

一天，王曾哭哭啼啼地向丁謂說：「我有一見家事不好辦，很傷心。」丁謂關心地問他啥事為難。他說：「我從小失去父母，全靠姊姊撫養，得以長大成人，姊姊的恩情有如父母。老姊姊年已八十，只有一個獨子，在軍隊裏當兵。但他身體弱，受不了苦，被軍校打過好幾次屁股。姊姊多次向我哭訴，求我設法免除外甥的兵役……」

丁謂笑道：「這事很容易辦呀！你朝會後單獨向皇上奏明，只要皇上一點頭，不就成了。」

王曾搖搖頭：「卑職身居執政大臣之位，怎敢為私事去麻煩皇上？」

丁謂笑容依舊：「你別書生氣了！這有什麼不可以的。」

王曾還是一副猶豫不決的樣子。

過了幾天，丁謂見到王曾，問他為什麼不向皇上求情。

王曾囁嚅著說：「我不便為外甥的小事而擅自留身……」

丁謂爽快地回答：「沒關係，你可以留身。」

王曾聽了，非常感激，還滴了幾點眼淚。

可是，幾次朝會散後，仍不曾看到王曾留身求情。

丁謂又問王曾：「你外甥的問題解決了嗎？」

王曾搖搖頭，裝作很難過的樣子：「姊姊總向我嘮叨個沒完沒了，我心裏很不好受！」說著說著，又作勢要哭。

丁謂這時不知是真起了同情心，還是想藉此施恩，表示對王曾的關心，竟一再勸說王曾次日朝會後單獨留下，向皇上奏明外甥的困難，請求皇上格外施恩，免除外甥的兵役。他甚至埋怨王曾太迂腐，一點也不關心年老的姊姊。王曾遲疑了一陣，總算打起精神，答應次日向聖上求告。

第二天大清早，文武百官朝見仁宗和劉太后後，各自打馬回家，只有副宰相王曾請求留身，單獨向皇上奏事。宰相丁謂當即批准他的請求，把他帶到太后和仁宗面前，自己退了下去。不過，丁謂心裏還是有點不放心，便守在閣門外不走，想打聽王曾究竟向皇上講了些什麼話。

王曾一見太后和仁宗，便充分揭發丁謂的種種罪惡，力言丁謂為人「陰謀詭詐，多智數，變亂在頃刻。太后、陛下若不亟行，不惟臣身粉，恐社稷危矣。」一邊說，一邊從衣袖裏拿出一疊書面材料，都是丁謂的罪證，他早就準備好的。

太后和仁宗聽了王曾的揭發，大吃一驚。劉太后心想：「我對丁謂那麼好，丁謂反要算計我，真是忘恩負義的賊子，太可恨了！」

她氣得三焦冒火，五內生煙，下決心除掉丁謂。

仁宗呢？他早就忌恨丁謂專權跋扈。只是丁謂深得太后寵信，使他投鼠忌器，不敢出手。而且自己被丁謂隔絕，沒法瞭解朝中情況，摸不著王曾等人的底，感到孤立無援。今天和王曾做了溝通，又得到太后支持，自然更不會手軟。

王曾在太后和仁宗面前整整談了兩個時辰，直談到吃午飯的時候還沒完。

丁謂等在閣門外，見王曾久不出來，意識到王曾絕不是談什麼外甥服兵役的問題，肯定是談軍國大政。他作賊心虛，急得直跺腳，一個勁兒埋怨自己：「上當了……太大意了……來不及了……」

待王曾奏畢大事，出了閣門，迎頭碰見丁謂，丁謂惡狠狠地瞪了他一眼。王曾笑嘻嘻地向丁謂拱手致意。丁謂對他不睬不理，怒氣沖沖地走了。但此時丁謂已根本沒有向皇上和太后辯解的機會了，他馬上被仁宗一道旨意，流放到偏僻荒涼的崖州去了（今海南島三亞市）。

10 趙高技高一籌，李斯沒命

如果一個很要好的同事與你爭奪同一個職位，你怎麼辦？或者一個同事各方面能力都比你強得多，幾乎成了你仕途發展的攔路石，鬥又鬥不過，你又該怎麼辦？你可能不願面對這樣殘酷的局面，可又很難擺脫這種兩難的選擇。按照《厚黑學》的觀點，此時，你惟一正確有效的選擇就是：名的不行來暗的，正的不行來邪的。

沙丘政變後，趙高的陰謀一步一步實現，篡權奪位的條件逐漸成熟。最終只剩下一個最大的障礙，那就是沙丘政變的同盟者李斯。

李斯一直是趙高的一塊心病，因為他知道趙高的一切陰謀，而且他本來是反對政變的。李斯政治經驗豐富，位居丞相，隨時都有可能除掉趙高。所以，趙高尋思：必須先發制人，置李斯於死地。於是，他想出了暗吹陰風，借刀殺人的陰謀詭計。

一天，趙高詭詐地對李斯說：「關東群盜蜂起，可皇上根本不把這事放在心上，反而急於徵調役夫，修築阿房宮，採辦聚斂那些狗呀馬呀之類無用的東西。我想勸諫他，可是人微言輕，恐怕起不了什麼作用。實際上，這些事是您當丞相分內的事，您為什麼不去勸諫一下呢？」

李斯不知是計，非常贊同：「我早就想進諫。可現在皇上不上朝，長居深宮，很難找到進言的機會。」趙高見李斯上了圈套，就說：「如果您真想進諫，我給您留意著，等皇上一有空閒，我就通知您。」

其後趙高趁著二世擁姬挽妾，燕樂正濃時，派人通知李斯：「皇上正有空閒，可以去奏事了。」李斯趕緊前去求見，結果引得二世大為反感。一連幾次都是這樣，惹得二世大怒：「我平常有很多空閒的日子，丞相不來奏事，偏偏當我玩得高興的時候，丞相就來嘮叨，莫非丞相以為我年輕好欺侮嗎？」

趙高乘機向二世進讒言：「丞相要是這麼想，那就危險了。丞相參與了沙丘之謀，現在陛下已做了皇帝，他的地位並沒有提高。看來，他是想裂土封王啊！另外，還有一件事，我一直沒敢說：丞相的長子李由任三川郡守，造反的陳勝、吳廣等都是丞相鄰縣的人，這正是楚地強盜橫行的緣由。陳勝的軍隊經過三川時，李由不肯出擊。我聽說他們之間還有文書往來，因為現在沒有拿到實證，所以一直沒趕奏聞。況且丞相在外邊的權力，比陛下還要大呢！」

二世一聽，想治李斯的罪。但沒有證據，不好貿然行事，於是派人去調查李由通賊的事。李斯聞知，才如夢初醒，知道上了趙高的當。他想面見二世，澄清趙高對他的誣陷，但二世在甘泉宮嬉樂，拒不見他。於是，他上書揭發趙高是一個如同宋國的司成子罕、齊國的田常那樣弒君篡位，懷有「邪佚之志、危反之行」的陰謀家、野心家，警告二世：「陛下不圖，臣恐其為變。」

二世根本不信，駁斥道：「趙高雖是個宦官，但他並不因為自己處境安逸而肆意妄為，也不因為處境危險而變心。他品行廉潔，善於自我約束，才取得今天的位置。他是靠忠誠獲得提拔，靠信義保住自己的職位。這樣一個賢能的人，你為什麼懷疑他？先帝已死，我還很年輕，缺少見識，不懂得治理天下，而你年紀又老了，如果沒有趙高，恐怕我早已失掉天下了。我不把國家大事交給趙高，誰又能當此重任？況且趙高為人精明強幹，對下能體察人情，對上能合我的心意，請你不必多疑。」

李斯提醒二世：「趙高並非如陛下所說。他本是一個『賤人』，『無識於理』，貪欲無厭，求利不止，列勢次主，求欲無窮，是一個危險人物呀！」

秦二世聞其言，怕他殺掉趙高，就把這事私下告訴了趙高。趙高乘績奏言：「丞相所顧忌的是我，我一死，丞相就會幹出田常篡齊那樣的事來。」

趙高這一番惡毒的挑唆，使二世從根本上動搖了對李斯的信任。於是，他把李斯交給趙高治罪。趙高先把李斯拘捕起來，投入獄中。隨即又把李斯的宗族、門客及凡與李斯有交往的人統統收捕歸案。他用重刑逼供，要李斯招認與兒子李由謀反之情。

李斯被鞭打一千餘下，疼痛難忍，便招了假供。

此時，李斯還幻想著藉由雄辯之才，向二世上書自陳，企圖以自己為秦國所建立的功勞打動二世。他在欲中寫了一封自辯書，托獄吏上達二世。獄吏卻拿去交給趙高。趙高一看，大發雷霆，把這封訴狀扯個粉碎，冷笑道：「囚犯怎能上書？」

不過，李斯此舉反倒提醒了趙高：倘若二世真的派人來審問李斯，他肯定會翻供。於是，趙高又想出一條詭計：他讓自己的門客假扮成御史、侍中的樣子，輪番去審訊李斯。李斯不知其中有詐，就以實情相告，結果每次都遭到殘酷的拷打。

後來，秦二世派人來核實李斯的供詞，李斯以為來人亦如前幾次一樣，始終沒敢改口。趙高把這份供詞上奏二世。二世看後，非常高興地說：「如果沒有趙高，我幾乎被李斯所賣！」

這時，秦二世派去調查李由通賊之事的使臣也到了三川，並聞知李由已被起兵反秦的項梁殺死。待使臣返回咸陽，恰好李斯下獄。趙高把實情隱去，編造了一套假材料矇騙二世。這樣一來，李斯便被定成死罪。

秦二世二年（公元前二〇八年）七月，李斯被腰斬，夷滅三族。臨刑前，李斯淒楚地對他的二兒子說：「我們再也不能牽著黃狗出上蔡東門外去追逐狡兔了！」父子二人抱頭痛哭。

11 你黑我更黑，「黑」你沒商量

袁盎與晁錯與漢朝名士賈誼同時代。從出身來看，袁盎之父是盜賊。呂后當權時，袁父通過走呂祿的後門，成為呂祿的舍人，從此進入仕途。漢文帝即位時，袁盎憑著其兄的舉薦，任郎中，得在文帝身邊侍從，有了向皇帝進言的機會。晁錯則家無淵源，「以文學為太常掌故」，憑著自己的才能進入仕途。

不同的出身和經歷，使兩人在待人處事上相差甚遠。晁錯為人峭直刻深，袁盎則為人比較圓滑含蓄。文帝在位時，晁錯上書凡三十篇，涉及內外重大事務。文帝雖未聽從，卻由此知其才能，其官也就不斷升遷，從太子舍人、太子門大夫，到太常博士、太子家令，再到中大夫，雖尚不是什麼顯宦，但已頗招人眼熱。袁盎雖沒有晁錯那樣的文筆，但身為侍從，向文帝進言的機會很多，常使文帝悅服，官運也很亨通，至為吳國相。

景帝即位，對晁錯來說是個福音。先是升為中大夫，轉內史，很快便超遷為御史大夫，身居副丞相之職。

也許正應了那句「有人歡笑有人愁」的老話，景帝即位，對袁盎來說，卻不是什麼好事。因為他身為吳國相，人在外地，難以進言。且景帝為太子時，因與吳國太子下棋發生爭執，「引博局提吳太子，殺之。」與吳國結下深怨。現在景帝即位，這種深怨早晚會爆發出來。袁盎出於避禍的心理，及時告歸。

晁錯受寵，袁盎失愛，兩個人的積怨必然激化起來。早在文帝時代，袁盎和晁錯就合不來。只要晁錯在座，袁盎總是迴避；袁盎在座，晁錯也總是躲開。兩人從不同堂講話。現在晁錯任御史大夫，袁盎在京閒居，正是晁錯報復的好機會。但誰也沒想到，最後的結果竟是以厚黑見長的晁錯非但沒有除掉袁盎，反被更加精通厚黑的袁盎「黑掉」。

晁錯深得景帝信任，也非常忠於景帝。為了景帝的尊嚴，他不惜多次更改法令。他自恃大權在手，不聽左右勸諫。就是其父規勸，也改變不了他的初衷。

袁盎的厚黑學修為遠超過晁錯，不僅比晁錯更會看風使舵，而且中傷人總能抓住要害。比如在文帝時代，袁盎還不過是剛入仕的郎中。時絳侯周勃因平定諸呂，擁立文帝，志驕意滿，文帝則因周勃功高，禮之甚恭。

一次，袁盎藉機向文帝進言：「丞相（周勃）何如人也？」文帝對周勃正懷感激眷戀之情，便回曰：「社稷臣。」袁盎卻奏稱：「絳侯所謂功臣，非社稷臣。社稷臣主在與在，主亡與亡。呂后時，諸呂用事，擅相王，劉氏不絕如帶。是時絳侯為太尉，本兵柄，弗能正。呂后崩，大臣相與共誅諸呂，太尉主兵，適會其成功，所謂功臣，非社稷臣。丞相如有驕主色，陛下謙讓，臣主失禮，竊為陛下弗取也。」

自此以後，周勃的處境就不妙了，不得不辭官回到封地。然而在周勃被人誣告，抓進獄中時，袁盎卻力保周勃無罪。這又使周勃大為感激，「乃與盎結交。」

還有一次，袁盎安排文帝寵幸的慎夫人的座位時，按慣例，把慎夫人的座位安排在皇后之下。慎夫人生氣，不肯坐。文帝也因而惱怒，竟不入位，就帶著慎夫人回後宮去了。袁盎為此進言：「臣聞：『尊卑有序，則上下和。』今陛下既已立后，慎夫人乃妾，妾、主豈可與同坐哉！且陛下幸之，即厚賜之；陛下所以為慎夫人，適所以禍之也。」

此言不但使文帝轉怒為喜，也使慎夫人心服，另賜袁盎金五十斤。

由此可見，袁盎處事頗能抓住要害，對當時的政治鬥爭看得也很清楚。

晁錯與袁盎結怨，現大權在手，自然要想辦法置袁盎於死地。他派遣官吏調查得知，袁盎曾私自接受吳王劉濞的錢財。景帝聞奏，下詔免除了袁盎的官職，將其貶為庶人。

晁錯和景帝平時就有削藩的想法。一次，抓住楚王劉戊犯錯之機，撤其王位。楚王被削之後，晁錯又搜羅趙王過失，把趙國的常山郡收回。然後又查出膠西王劉卬私自賣官鬻爵，也奪去了六縣。晁錯看到諸王沒有什麼抵制性的反應，覺得削藩可行，就建議景帝向硬骨頭吳王劉濞下手。

劉濞聽說楚、趙、膠西王均被削奪封地，恐怕自己也遭到同樣的下場，便聯絡膠西王劉卬、楚王劉戊、趙王劉遂及膠東、淄州、濟南等六國一起造反。

景帝一聽到叛亂的警報，立即召集群臣商議。晁錯平亂心切，居然不合時宜地提議景帝御駕親征。景帝問道：「我若親自出征，誰來留守都城？」晁錯回奏：「臣當留守都中。陛下應出兵滎陽，堵住叛兵。徐僮一帶不妨棄去，令他們自生驕氣，自滅銳氣，然後一鼓可平。」

景帝聽後，未加理睬，忽然想起文帝臨死前告訴他的一句話：「天下有變，可用周亞夫為大將。」便命周亞夫為太尉，領兵出征。周亞夫並無推辭，領命而去。

吳、楚諸王發動叛亂，由於袁盎曾是吳王的相國，晁錯便想藉此置袁盎於死地。他對丞史說：「袁盎接受了吳王不少錢財，專門為他辯護，說他不會造反。現在吳、楚都已經造起反來，還有什麼可說的？應該把袁盎抓來審問，察知他的陰謀。」

丞史卻說：「吳、楚當初還沒有造反時，要是處置袁盎，或許還能阻止他們造反。現在都已經反了，再去處置袁盎，已經沒什麼用處了。再說，袁盎好歹也是個大夫，不見得會有什麼陰謀。」把晁錯給擋了回去。

有人把這件事告知袁盎。袁盎心裏很緊張，心想：好你個晁錯，一次又一次和我過不去，現在又要加害於我。我不能坐以待斃。他連夜找到受景帝眷愛的外戚竇嬰，商量這件事。

竇嬰曾位列三公，是朝中重臣。不久前因吳、楚之事，被免官，因而對晁錯早就恨之入骨。現在袁盎找上門來，他便如此這般，和袁盎謀劃了一番。

吳、楚七國起兵不久，吳王劉濞發現公開反叛不得人心，就提出一個具有煽動性的口號，叫「誅晁錯，清君側」。意思是說：皇帝本無過錯，只是用錯了大臣。七國起兵也並非叛亂，不過是為了清除皇帝身邊的奸佞。他把攻擊的矛頭指向堅決主張「削藩」的晁錯。

竇嬰雖說已免官閒居在家，但地位和影響還在，現在見時機成熟，便上奏景帝：「袁盎有平亂之策。」由於袁盎當時身為庶人，不能晉見，只有通過竇嬰這一門路。

景帝一聽袁盎有平叛妙策，正如雪中得炭，立即召見。袁盎晉見時，晁錯也正在場，向皇帝彙報調撥糧餉的事。

一見到袁盎，景帝就迫不及待地問道：「吳、楚七國造反，你有什麼好辦法平定叛亂？」

袁盎臉上顯出不怎麼在意的樣子，隨口答道：「陛下儘管放心，不必掛懷。」然而，景帝豈能不急，繼續追問道：「吳王倚山鑄錢，煮海為鹽，誘招天下豪傑，若不計出萬全，怎肯輕易發兵？怎能說不必掛慮呢？」

袁盎抓住景帝的心理，並不談及實質性問題，而是進一步促發他的好奇心：「吳國只有銅、鹽，並無豪傑，不過是一群無賴子弟、亡命之徒，烏合之眾，一哄為亂，實不足為慮。」

景帝因著急而生憤：「你來見朕，難道就是為了說這些沒有意義的話嗎？」

袁盎這才說：「臣有一計，可使叛亂迅速平息。只是，不能讓外人聽到。」

景帝一聽精神大振，連忙屏退周圍的人。但晁錯仍然留下。袁盎十分清楚，如果當著晁錯的面說出自己的計畫，晁錯必定會為自己辯解，景帝肯定下不了決心。到那時，不僅殺不了晁錯，自己反倒難逃一死。所以，他才一步步把景帝的情緒調動起來。現在見晁錯不走，他趕緊再下一劑猛藥：「我的計策，除了皇上以外，任何人都不能聽。」

說完這話，他的心吊了起來。如果此時景帝不令晁錯迴避，又逼著自己說出計策，那自己就是死路一條了。好在景帝沈吟片刻之後，終於對晁錯說：「你先避一避吧！」晁錯無奈，只得悻悻離去。

待晁錯一走，袁盎把握這難逢之機，立即奏道：「陛下知道七國叛亂打出的是什麼旗號嗎？是『誅晁錯，清君側』。七國書信往來，無非說高帝子弟裂土而王，互為依輔，沒有想到出了個晁錯，離間骨肉，挑撥是非。他們聯兵西來，無非是為了誅除奸臣，復得封土。陛下如能誅殺晁錯，赦免七國，賜還故土，他們必定罷兵而去！」

景帝畢竟年輕識淺，不能明辨是非，聽了袁盎這番話，又想起晁錯建議他御駕親征一事，突然覺得晁錯多半用心不良，即使未與七國串通一氣，也肯定另有圖謀。於是，他馬上對袁盎說：「如果可以罷兵，朕哪在乎一個人？」隨即封袁盎為太常，命他祕密赴吳議和。

待袁盎退出，晁錯才又進來。他也實在過於大意，明知袁盎詭計多端，又避著自己，所出之計肯定與自己有關，竟疏於防備。他太相信景帝了，見景帝不說，也就置之不問，只是繼續陳述軍事而已。豈知此時景帝已密囑丞相陶青、廷尉張歐等人劾奏晁錯，準備把他犧牲了。

一天夜裏，晁錯忽然聽到急促的「砰、砰」敲門聲，急忙起身去看。原來是宮人奉詔前來，傳他即刻入朝。晁錯驚問何事。宮人只說不知道。晁錯急忙穿上朝服，坐上宮人乘坐的馬車。行進途中，晁錯忽然發現馬車所走並非上朝的路徑。他撥開車簾，往外一看，所經之處均是鬧市。正在疑惑，車子已停下。宮人喝令他下車聽旨。

晁錯下車一看，正是處決犯人的東市，才知大事不好。宮人讀旨未到處以腰斬之刑，晁錯已被斬成兩段，身上仍然穿著整齊的朝服。

其後，景帝命人宣告晁錯的罪狀，把他的母親、妻子和兒女等全數拿到長安。除了晁錯之父已於半月前服毒而死之外，餘者全部處斬。

將晁錯滅族，又派袁盎赴吳議和，景帝以為此後已萬無一失，七國該退兵了。但等了許久，還不見袁盎回報。

一天，周亞夫軍中校尉鄧公從前線來見景帝。

景帝忙問：「你從前線來，可知晁錯已死，吳、楚願意罷兵嗎？」

鄧公直言不諱地回道：「吳王蓄謀造反，已有幾十年，今天藉故發兵，其實不過是託名誅錯，本是欲得天下，哪有為一臣子而發兵叛亂的道理？陛下現在殺了晁錯，天下有識之士誰還敢開口？晁錯本為大漢盡忠，如今計畫才開始施行就遭到滅族的大禍，臣以為實在不可取。」

景帝一聽，低頭默然。

12 釜底抽薪，逼對手讓步

水涼水沸，是日常生活中常見的事。要使鍋中的水沸騰，在鍋底生火並加柴薪即可。若不想讓水沸騰，可加進一些涼水，即揚湯止沸；也可以抽掉鍋底的柴草，即釜底抽薪。揚湯止沸，水一時涼了，很快又會再沸，沒有從根本上止沸。釜底抽薪，因為水靠火沸，火需薪生，去薪則火滅，便從根本上消除了水沸的基礎或依靠物。

世間很多事物的初始與發展，和水涼水沸形式相似，生生變化之理相同。待人處事更是如此。當面對來自方方面面的競爭與挑戰時，正面攻擊，等於揚湯止沸，可能勞而無功；迂迴側擊，巧妙消除對手的生存根源，便是釜底抽薪。精於厚黑之道的大商人哈默就是靠此權術，贏得了一筆大生意。

一九六一年，美國哈默石油公司爆了一個大冷門，在小小的奧克西竟然鑽出了加利福尼亞州第二座最大的天然氣田。這座天然氣田價值2億美元。幾個月後，哈默又在附近的布倫特伍德鑽出了一座蘊藏量非常豐富的天然氣田。

眼看著鉅額美元就要流入自己的腰包，哈默自然高興萬分。他抑制不住內心的興奮，急急忙忙趕到太平洋煤氣與電力公司，心裏拿定主意，準備與這個最大的用戶簽訂為期20年的天然氣供應合約。

他萬萬沒想到，自己竟碰了一鼻子灰，太平洋煤氣與電力公司三言兩語就把他打發走了。他們冷淡地告訴他，他們已經決定耗費鉅資，從加拿大的艾伯塔到舊金山海灣修建一條天然氣管道，大量天然氣將很快從加拿大輸送前來。

哈默被當頭潑了一盆冷水，一時竟有些不知所措，腦子裏一片空白。

不過，他畢竟是個老江湖，稍微平靜了一下心神，理了一下思路，很快便想出一條釜底抽薪的高招。

第二天，他迅即動身前往洛杉磯市。洛杉磯是太平洋煤氣與電力公司最大的買主，天然氣的最終承受單位。他專誠前往市議會拜訪，繪聲繪色地向議員們說，他計劃從拉思羅普修築一條天然氣管道直達洛杉磯市，並將以比太平洋煤氣與電力公司和其他任何投標人更便宜的價格供應天然氣，足能滿足洛杉磯市的需要。而且，他會加快修建管道的進度，將比太平洋煤氣與電力公司和其他投標人提供天然氣的時間更為提前，洛杉磯市民近期內就可用到他的價格更加便宜的天然氣。

議員們一聽哈默的條件如此優厚，豈有不動心之理。他們應允說服市政府接受哈默石油公司的計畫，放棄與太平洋煤氣與電力公司的協議。

哈默這一招釜底抽薪確實厲害，太平洋煤氣與電力公司得知消息，立刻放下他們的傲慢之氣，趕緊找到他，表示願意接受哈默石油公司的天然氣。真是此一時彼一時，三十年河東，三十年河西，此時哈默可不像前些日子在太平洋煤氣與電力公司那樣低三下氣地要求對方了，他處於居高臨下的地位，提出了一系列有利於自己的條件。太平洋煤氣與電力公司不敢有任何異議，只能乖乖地在哈默精心擬好的合約書上簽了字。

ch.5 處世之道「多聽少說常點頭」

『聰明難，糊塗難，由聰明轉為糊塗更難。』——要做到糊塗確實不易，不僅需要一定的西養，更需要具備不同尋常的厚臉皮。

1 該糊塗時，千萬別明白

李宗吾在《厚黑經》中說：「世間學說，每每誤人，惟有厚黑學絕不會誤人，就是走到了山窮水盡，當乞丐的時候，也比別人多討點飯。故宗吾曰：『自大總統以至於乞兒，壹是皆以厚黑為本。』」

按照李宗吾的說法，在待人處事中，時時處處都需要用厚臉裝糊塗；甚至當身處險地時，「糊塗」還是「精明」，很可能成為事關自己身家性命的關鍵因素哩！

而三國時代，蜀將張裔就是因為不知道收斂，在事關性命的當口，應該「糊塗」，卻表現得比對手聰明，差點丟了小命。

據史書記載，張裔，蜀郡成都人。在他擔任益州郡太守時，當地大頭領雍闓，背叛蜀國，把他抓起來，送到吳國。後來吳、蜀兩國和好，諸葛亮派鄧芝使吳，要他在會談之後，請孫權釋放張裔。張裔被送到吳國好幾年，他一直沒有顯露自己的身分、才能。因此，孫權只當他是個平常的俘虜。此時一經鄧芝提起，吳大帝立刻同意釋放。待張裔臨走，孫權才接見他。孫權這人好開玩笑，又想試探一下張裔的才智如何，逐問張裔：「聽說蜀地曾有個姓卓的寡婦私奔司馬相如。你們那兒的風俗為什麼這樣不講究婦道呢？」

張裔一聽，毫不示弱，回道：「我認為卓家的寡婦比起朱買臣的妻子來，還是賢慧了些。」

張裔所說的朱買臣，與司馬相如、卓文君夫婦同是漢武帝時代的人。會稽郡吳縣（今江蘇省蘇州市，三國時屬東吳的地盤）人朱買臣起初家裏很窮，妻子嫌他寒酸，和他離了婚。後來朱買臣發跡，當了會稽郡太守，他的前妻又來依附。最後到底感到羞愧，

這婦人竟上吊死了。張裔用這個故事，對孫權反唇相識。

孫權沒占上便宜，又換一個話題：「你回去以後，一定被重用，不會做普通老百姓。你打算怎麼報答我？」

張裔巧妙地迴避了如何報答孫權的問題，只表示很感激孫權釋放他：「我是以戴罪之身回去，將交由有關部門審理，倘若僥倖不被處死，58歲以前是父母給我生命，此後就是大王所賜了。」

張裔這段話說得很得體，孫權聽得很高興，一番談笑風生，並流露出很器重他的神色。

張裔剛辭別孫權，走出吳帝宮廷的側門，就很後悔在孫權面前沒能裝傻。他立即趕到碼頭上船，然後以加倍速度航行。這一頭，孫權果然因認定張裔是個難得的人才，怕他為蜀漢王朝效力，於自己更為不利，遂改變主意，不想讓他走了：不能為己所用，也不能讓他成為自己的對手。

於是，他立即派人追趕，直追到吳蜀交界的地方，張裔已進入蜀國地界數十里了，追兵才無可奈何地回去了。

看來，聰明人有些時候也要裝裝傻。裝傻就是一種智慧。張裔起初沒裝傻，幸虧他及時意識到了，才得以逃出虎口。

在家庭中，如何處理好夫妻之間的關係至關重要。因為夫妻兩個人來自不同的家庭，接受不盡相同的教育，具有不同的性格，因而衝突、矛盾幾乎不可避免。那麼，應當怎樣處理和對待這些矛盾與衝突呢？

富有經驗的人都知道，為了建構婚姻的幸福，有時就需要裝糊塗。

有一個妻子對丈夫說：「你經常說夢話。還是去醫院檢查一下吧！」

丈夫笑著說：「不用！要是治好了這個病，我就沒有一點說話的機會了。」

妻子本來是從關心丈夫的角度出發，實實在在想勸丈夫看醫生。丈夫卻裝糊塗，佯作沒聽懂，回答的話卻隱約點出妻子話多的毛病。說夢話是生理疾病，說話多是心理習慣。丈夫以「聰明的糊塗」表達了他淡淡的抱怨，藉以讓妻子從他的「糊塗」話中領悟到他的潛臺詞。像這樣，「糊塗」其實可以讓生活充滿情趣。

當然，這裏所說的「糊塗」，是該糊塗時別明白，絕不是一味地「糊塗」。適度的清醒和爭執還是很必要的。

在待人處事中，故意裝糊塗，有時確能更有效地解決一些問題。特別是夫妻之間，對待一些問題，糊塗一些是比較好的。它能避免不少誤會，給雙方一個充分冷靜下來的時間，從而找出解決問題的最佳途徑，儘量避免傷害夫妻間的感情。

2 小糊塗，大精明

俗話說：「水清無魚，人清無友。」乍聽起來，這話似乎太「世故」了。然而，待人處事中，許多事卻又當真常常壞在「認真」二字上。有些人對別人要求得過於嚴格，乃至近於苛刻，他們希望自己所處的社會一塵不染，事事隨心，不允許有任何一件雞毛蒜皮的小事不符合自己的設想。一旦發現這種問題，他們就怒氣沖天，大動肝火，怨天尤人，擺出一種勢不兩立的架勢。

做人、做事、做官都不能太「認真」，該糊塗時就糊塗。只要不是原則問題，睜一隻眼、閉一隻眼，未嘗不可。「水至清則無魚。」所謂「至清」，即一點雜質都沒有。這豈不是異想天開？然而，現實中就有不少人往往大事糊塗，小事反而不糊塗，特別注意小事，斤斤計較，哪怕是一個小小黑點，也偏要用顯微鏡去觀察，用放大尺去丈量。於是，在他們眼裏，社會總是一團糟，人與人之間只剩下爾虞我詐。普天之下，可以與言者，也就只剩「我自己」——這實際上是一種病態。

石達開是太平天國首批「封王」中最年輕的軍事將領。太平天國建都南京之後，他同楊秀清、韋昌輝等同為洪秀全的重要輔臣。在天京事變中，他又因支持洪秀全平定叛亂，成為洪秀全的首輔大臣。之後，洪秀全隱居深宮，將朝政全權委託給無能的洪氏兄弟，以牽制石達開，雙方的矛盾遂激化起來。

從當時的情形看，解決矛盾的最好辦法是誅洪自代。形勢的發展需要石達開那樣的新領袖。但石達開儘管在戰場上戰無不勝，對《厚黑學》的修煉，卻連個小學生都不如。他臉不厚、心不黑，滿肚腸仁慈、信義，害怕落個「弒君」的罵名。這就決定了他不可能有什麼大作為。

公元一八五七年6月2日，他選擇率部出走，認為這樣做，既可繼續打著太平天國的旗號，進行推翻滿清的活動，又可避開和洪秀全的矛盾。

石達開率大軍到安慶之後，如果按照他原來「分而不裂」的初衷，本可以安慶作根據地，向周圍擴充，在鄂、皖、贛打出一片天地來。安慶離南京（天京）不遠，還可互為聲援，減輕清軍對天京的壓力，又不失去他原在天京軍民心目中的地位。但是，石達開沒有這樣做。他決心和洪秀全分道揚鑣，徹底決裂，捨近而求遠，去四川自立門戶。

這個決策大錯特錯，正是大事犯糊塗。正因此，石達開雖然擁有20萬大軍，英勇地轉戰江西、浙江、福建等十二個省，震撼半個南中國，歷時七年，表現了高度的堅韌性，最後還是免不了一敗塗地。

一八六二年6月11日，石達開部被清軍圍困在利濟堡。謀士曹臥慮獻策決一死戰，軍輔曾仕和則獻詐降之計。石達開接受了詐降的建議。他想用自己一人之生命換取全軍的安全。這是又一次決策失誤。當軍中部屬知道主帥「決降，多自潰敗。」

清軍將石達開及其部屬押送過河，把他和兩千多解甲的將士分開。這個舉動，頓使石達開猛醒過來。他意識到詐降計拙，暗自悔限。

石達開被押過河後，「捨命全己軍」的幻想已徹底破滅。此後，他的表現十分堅強。面對清將駱秉章的勸降，他嚴詞以對：「吾來乞死，兼為士卒請命。」然而，已於事無補了。

回顧石達開的失敗，主要是入閩決策的錯誤，大事犯了糊塗。其根源是，與洪秀全決裂後，他對前途缺乏信心。因為太平天國能打仗的名將幾乎都不回應石達開的出走。他邀英王、忠王一起行動，都被拒絕；賴漢英、黃文全、林啟容等戰將也不願跟著他出走。此外，他出走的目的不明確，政治上、軍事上都沒有提出新的構想和謀略，只是消極地常年流動作戰。他想用不分幟表達他對天國的忠心，他出走的實際行動卻是十足的決裂。這種不分幟、不降清、不倒戈的「忠義」形象，和他出走天京的實際行動大相徑庭，拖泥帶水、不倫不類，因此成不了大事。

3 逢人只說三分話，未可全拋一片心

同事之間，很少有真正能夠交心的朋友。許多人平時嘴上說得漂亮，可如果一幢大樓失火，頂樓的人都想乘直達電梯下去，哪還會有人管你是不是下去了。再如，一家公司有了肥缺，大家免不了會爭著搶這個位子而形成混亂。

在人生的戰場，無論是情場、商場或職場，任何人都很難期望通行無阻。現實生活中，更是常常會為了什麼蠅頭小利而擠得頭破血流。所以說，平時在跟同事相處時，就應懷著戒心，不要將同事懷有某種企圖的話太當真。

俗話說：「逢人只說三分話，未可全拋一片心。」這是提醒你，在待人處事中，千萬不要動不動就把自己的老底露出。面對任何情況，都要留下七分話。你不可執著於大丈夫光明磊落，事無不可對人言。老於世故的人，通常而言，的確只說三分話。你或許認為他們狡猾，很不誠實。其實，說話本就必須看對象。對象不是可以盡言的人，你說三分真話，已嫌過多了。

另外，和某人初次見面，或才見過幾次面，就算你覺得這個人不錯，而你也喜歡

他，也不該把你的心一下子就掏出來。對還不瞭解的人，無論說話或作為，都要有所保留，不可一廂情願。

不要一下子把心掏出來，並不是意味著要做個虛偽、城府深沈的人，而是因人性複雜，你若一下子把心掏出來，用心和某某人交往，就有可能「受傷」。

把心掏出來，表示你真誠而熱情。只不過，看見你把心掏出來，他也把心掏出來的人實在不多；而且，那些回應的人掏的可能是「假心」。

還有一種人，你把心掏出來，他反而把你看輕了。這類人有一種劣根性，你對他冷淡些，他反而敬你又怕你。換句話說，對這種人來說，太容易得到的感情，他絲毫不會珍惜。

如果對方是個生性謹守分寸的人，你一下子把心掏出來，反而可能嚇著了他，因為他會懷疑你這麼坦誠是另有目的。這樣一來，你不是弄巧成拙，就是搞砸了有可能發展的情誼。

那麼，待人處事成功的祕密在哪裡？

美國著名的學者查理・艾略特說：「一點兒祕密也沒有，只要專心聽人講話，這一點最重要。什麼也比不上注意聽更能顯示對談話人的恭維了。」事實的確如此。

艾薩克・馬科森大概是世界上採訪過著名人物最多的人。他說，許多人沒能給人留下好印象，就是由於他們不善於注意傾聽談話的對方講話。「他們如此津津有味地講著，完全不在乎別人對他講了些什麼……許多知名人士對我說，他們看重注意聽的人，而不看重只管說的人。然而，許多人聽的能力就是弱於其它能力。」其實，不只名人，幾乎所有的人都喜歡人家注意聽他講話，卻很少有人做得到聽人家講話。

每天上班，若能帶著愉快的心情，並展現於行動上，無疑會給人樂觀豁達的好印象。但是，假如說話太多，而且都是涉及別人的事，就會迫使同事對你築起圍牆，敬而遠之。因為任何人都唯恐被他人抓住自己的把柄，四處宣揚不利於己的言語。因此，在待人處事中，一定要少說多聽。

就此而言，以下幾點尤其需要注意：

1・辦公室戀情祕而不宣——同事之間出現戀情，很難避免。對於同事告訴自己的辦公室之戀，應該只姑妄聽之，不可參與意見，以免造成誤會。

2・對自己看不順眼的事，最好一笑了之，不必與之糾纏——比如對一位利用男女私情博取上司歡心的同事，儘管你內心對他（她）很不屑，也不要公開談論。因為即使你將之傳開，也不能改變現狀，反而可能影響你的形象，非常不值。

3・絕不估計公司的發展前景——任何時候都不要自作聰明，去評論和估計公司的前景，而且表現得像個專家。這樣做是身為下屬的大忌。因為老闆和上司最不喜歡把本公司的內部情況公開化、透明化，無論是賺了大錢還是虧損，都不願百分之百向員工宣布，使他們知根知柢。遇到自作聰明的下屬，向其他同事傳遞有關公司的內政與前景的話語，上司肯定會大為反感。

4・加薪幅度要保密——在商業機構中，不可能做到絕對公平。某個人加薪幅度多少，只能證明老闆對他的印象和喜愛程度有多大，不一定代表他工作能力的好壞。

5・不要向同事訴苦——如果你對公司有所不滿，切不可向其他同事傾訴。他們不僅幫不上你的忙，反可能把事情弄得更糟，影響你的前途。再者，假如有同事向你訴苦，你應當多加安慰，但不能表達任何意見。否則，你很容易在不知不覺中扮演一名煽動者的角色。

有些人在與人相處時，不管人家是不是愛聽，只管自己滔滔不絕地神侃胡吹，以為這樣就能博取對方的好感，殊不知恰恰相反，反而成了社交場上誰都不願與他打交道的「討厭鬼」。因此，在待人處事中，一定要管住自己的嘴巴，豎起自己的耳朵。

那麼，怎樣才能成為一個好聽眾呢？

首先，保持耳朵的暢通，閉上自己的嘴巴。在與人交談時，儘量使對方談他所感興趣的事，並用鼓勵性話語或手勢讓他說下去，不時在不緊要處插一兩句讚歎的話。

切記，輕敲手指或頻頻用腳打拍子，這些動作會傷害對話者的自尊心。

與人交談，眼睛一定要看著對方的臉。但不要長時間盯住對方的眼睛，因為這樣會使對方產生厭惡的情緒。只要你全神貫注，輕輕鬆鬆地坐著，對方不必將音量加大，你也可以一字不差地聽進耳裏。要善於協助對方把話說下去。人家說了一大通，如果得不到你的回應，儘管你在認真聽，對方也會認為你心不在焉。

有些人有一種錯覺，以為在與人相處時，越能不斷地吹捧對方，就越能獲得對方的好感。事實上絕非如此。在你滔滔不絕講話的時候，注意也要把說話的機會留給別人。別人講話的時候，如果你自作聰明，用不相干的話把他的話頭打斷，肯定會引起對方的憤怒。

其次，要學會聽出對話者的弦外之音、言外之意。通常而言，除說話以外，一個眼色、表情、動作，都能在特定的語境中表達出明確的意思。就是同一句話，也要聽出說話者的弦外之音、言外之意。

把握好此兩點，就不難成為一個受人歡迎的處世高手。

4 與上司保持心理上的安全距離

心理學家表示，人之所以能夠從世間的萬事萬物中感受到和諧與美，全在於他與對象之間保持適當的距離。

俗語說：「妻就是漆，一貼上就終生為侶，不能說離就離。」照理說，夫妻之間應該親密無間。但如果真的一點距離也沒有，結果也不一定太妙。

婚姻心理學家的調查和實驗證明，再親密的夫妻，結婚兩三年之後，都要經歷一段危機。那叫「婚姻倦怠期」，也就是「紙婚期」。一個最直接的原因，就是彼此沒有什麼神祕可言了。雙方的興趣愛好、內心的隱祕，無不在對方的掌握之中……所以說，如膠似漆，愛情正在沸騰的時候，事實上，也為日後的危機埋下了種子。

這個理由聽起來似乎有些荒唐，卻證明了待人處事中一條淺白而樸實的道理——保持恰當的安全距離方為上策。

天下事無不如此。把它套入上下級之間的關係，更顯出這個道理的貼切。別以為自己跟上司是多年的老關係，而且整天形影不離，前途必定大有保障。豈不知眼下的得意其實微不足道，一點也靠不住，不久之後，你可能突然發現，這種表面很近又很鐵的關係其實很危險。就像走鋼絲，不跌便罷，一跌下去，不粉身碎骨才怪哩！

首先，你會招來同事的嫉妒。其次，其他部門的主管也會認定你是某一上司的親信——也就是說，人人都在用有色眼光看你。就算你偶爾露了幾手，大放異彩。可只要一說起來，大夥兒第一句話肯定是：「哦！不就是某某手下的那個馬屁精嗎？」

與上司過度親近，不只容易讓上司厭倦，你性格上的弱點和能力的極限也會很快被上司摸得透透的。對上司來說，你就像一張透明的底片，一覽無遺地暴露在光天化日之下。這樣一來很危險。即使暫時看不出這種跡象，也不要自鳴得意。

只有與上司保持恰當的距離，一段若有若無的距離，你們之間的關係才能永保和諧，四周的人也才不會把你當成某一特定人物的親信。這樣做，好處委實無窮。

所以，碰到上司一時恩寵有加，事事順遂，你也得步步謹慎。因為從長遠的眼光看，這是一條處處充滿危險的羊腸小徑，最後能不能到達春風怡人、鳥語花香的康莊大道，就要看你是不是懂得「若即若離」的竅門了。

當然，對真正賞識你、信任你的上司，就不必有那麼多顧慮，你大可盡力施展才幹，報答他的知遇之恩。但是，若即若離的道理還是要謹記在心。有時候形影相隨，有時候獨立自主，這樣你在上司心目中的分量，自然就會有增無減了。

5 寬容下屬的「無禮」

人活在世上，即便身處高位，也不可能每件事都稱心如意，誰也不敢保證沒有人會在做事或說話的時候冒犯你。遇到這種情況，修養好的人沈默不語，毫無修養的人則會破口大罵。按照李宗吾的說法，後者氣量如此之小，連厚黑殿堂的門邊都沾不著，絕不可能成為待人處事的高手。

如果某事某物不符合自己的心意就冒火，那不是每天都要氣個半死？須知別人在做事、講話的時候冒犯你，搶白你，大多是心直口快，他們絕不是故意讓你難堪，而是想督促你把事情做得更好。對那些違逆你心意的人或事，應該首先冷靜下來，分析一下對你有利、無利，而不可馬上發起火來。

宋太宗在位時，有一天，官拜殿前都虞侯的孔守正和另一位大臣王榮在北陪園侍奉太宗酒宴。孔守正已喝得酩酊大醉，竟和王榮在皇帝面前爭論起守邊界的功勞。兩人越吵越氣憤，把太宗晾在一邊，理也不理，完全失去了為臣者應有的禮節。侍臣實在看不下去了，奏請太宗將兩個人抓起來，送交吏部治罪。太宗不同意，只讓人把他們兩人送回家。

第二天，兩人酒醒了，想起昨天的行為，都大感害怕，一起趕到金鑾殿向皇上請罪。太宗對昨天兩人的行為不加追究，竟說：「朕也喝醉了，記不得那些事了。」

宋太宗托辭說自己也喝醉了，對兩位臣屬冒犯自己的行為不加追查，既沒有丟失朝廷的面子，又讓兩位大臣警覺到自己的言行，這是兩全其美的事，何樂而不為呢！

歷史上的明君，大多深諳厚黑之道。他們或是禮賢下士，善聽臣屬的建議，或是納諫如流，能容臣屬的批評，不以為逆。遇到破壞自己情緒的事，雖然一時心頭不快，但考慮到大局，以事業為重，一點暫時的不快又算得了什麼！

不過，要寬容下屬的無禮，說起來容易，做起來難，沒有過人的厚黑本領，還真做不到。

6 控制自己，方能控制他人

記得上中學的時候，有一天，筆者去探望宿疾纏身的老師。見面時，老師仍舊親切而不失幽默地說：「我和它相處久了，差不多都要成為好朋友啦！」

老師把他的疾病視同「好友」，如此風範，至今我仍然記憶猶新，感佩不已。

有一個單身漢，住在用茅草搭起的房子裏。他勤勞耕種，自食其力。漸漸地，油鹽醬醋之類生活必需品越來越齊備了。令他惱火的是，草房裏老鼠成災，白天亂竄，晚上亂叫，磨牙打架，整天鬧個不休。這漢子滿腹怨氣，又無計可施。

這天，這漢子酒喝多了，躺在床上睡覺。誰知，老鼠們似乎是故意惹他生氣，鬧得更凶了。漢子怒火萬丈，一把火將草房燒了個精光。鼠患是消除了，可他的家業也沒了。這就是不能控制自己的情感，意氣用事所帶來的惡果。

意氣用事，是待人處事的大忌。西方有一句諺語說：「想知道某人的缺點，最簡單的方法就是激怒他。」因為凡是輕易就意氣用事的人，瞬問就會把自己的全部缺點暴露出來，從而給對手造出可乘之機。因此，凡是想在競爭中獲取最後勝利的人，千萬不可意氣用事，一定要時刻牢記「控制自己，方能控制他人」的處世名言。

那麼，如何才能控制自己，不致意氣用事呢？

一位美國著名企業家曾經對人談到他創業初期，所得到的教訓：

「那時我還年輕，和大樓管理員發生了誤會，導致我倆彼此仇恨。管理員為表示不滿，好幾次，當他知道只有我一人在大樓裏時，就關掉了電閘。我決定反擊。

「一個星期天，我在辦公室準備第二天晚上要發表的演講稿。誰知，我剛剛在書桌前坐好，電燈突然滅了。我頓時火冒三丈，立刻跳起來，奔向大樓地下室。我知道在那裏能找到那位管理員。到了那兒，我發現他正忙著，顯得很得意，一邊把煤一鏟鏟送進鍋爐內，一邊吹著口哨，彷彿什麼事都未發生過似的。我立即對他破口大罵。

「五分鐘內，我以比他正在照顧的那個鍋爐內的火更熱辣辣的詞句對他痛罵。最後，我實在想不出罵人的詞句了，只好放慢了速度。

「這時候，他站直身體，轉過頭來，臉上帶著微笑，並以一種充滿鎮靜與自制的柔和聲調說：『哎呀！你今天好像有點太激動了吧！』

「他的態度和他的話就像是一把銳利的短劍，一下子刺進我的身體。

「想想看，我那時候是什麼感覺：站在我面前的是一位大字不識的文盲，他既不會讀，也不會寫，卻在這場戰鬥中打敗了我。我與他相比，顯得如此缺乏教養。這場戰鬥的場合及武器都是我自己挑選的。我的良心把譴責的手指對準了我自己。我知道，我被打敗了。更糟的是，我是主動挑起戰火的一方。這更增加我的羞辱之感。

「第二天，一進入辦公大樓，我就發現那個管理員正津津有味地同一些人談論昨晚發生的事，其中也有我的員工。我羞得幾乎無地自容，做賊般逃進辦公室，總覺得員工臉上浮現出一種異樣的神情。

「最終，我花了很大的氣力，決定忍受羞辱，當著我的全部員工，向那個管理員公開道歉。我的道歉，使那個管理員紅了臉，也向我承認了自己的錯誤。我在贏得了員工掌聲的同時，也重新贏得他們的尊敬。

「這個事件之後，我下定決心，以後絕不再失去自制。因為一個人一旦失去自制，不管是目不識丁的管理員、還是有教養的紳士，都能很輕易地將他打敗。這個事件成為我一生中最主要的一個轉捩點。它教導我，一個人除非先控制了自己，否則他將無法控制別人。因為失去自控，只會使冒犯你的人占上風。」

現實中，因個人某方面致命的弱點或缺陷，特別是意氣用事而歸於失敗的人不在少數。這樣的人必須壯士斷腕，痛改前非。我們應當經常想到自己的弱點、不足，既要自我完善，展現信心，更要自我檢查，隨時修正。

7 上司的話就是「聖旨」

上司的地位比你高，權力比你大，即使他的年齡比你輕，仍然掌握著你前途、命運。較高的地位和較大的權力，決定了他必須享有較多的尊嚴。這種尊嚴一旦被破壞，他就會自覺得喪失了自己的身分感。因此，與上司相處，必須隨時做到上下分明，絕對不要突破上司心理的安全距離。任何時候都要把上司的話當成「聖旨」，無條件地遵守，執行。

被剝奪身分的滋味很不好受，有此遭遇的人會本能地產生反抗的情緒。你的上司若帶著這樣的心情站在你面前，你就慘了。

但是，人類天生就有一種喜歡「登鼻子上臉」的毛病。特別是一旦跟自己的上司混熟了，上司的年紀又和自己差不多，就會產生「這麼做也沒什麼關係」的心態。殊不知，這樣做很容易讓上司覺得「這傢伙是個討厭鬼！」一旦被烙上這個烙印，那還有什麼好果子吃。

上下分明，首要之務就是認清上下關係。對於這一點，首先，內部必須做出嚴格的區分，否則上面的命令便無法貫徹到下面。如此一來，如何能夠上下一心地完成任務呢？其次，上下差別，體現在日常一些看似不起眼的細節當中。例如，在走廊與上司迎面相遇，不妨稍停一下，和上司打個招呼；上樓梯時遇見上司，在下面的臺階上暫停，等候上司先下樓，和上司打過招呼之後，再繼續上樓。

上下關係中最引人注意的就是言詞的使用。現在有許多人、特別是年輕人，常會像對待朋友一樣對待自己的上司，說話一點也不講究。

「喂！李處長，總經理叫你！」這種口氣很不合適。

「李處長，總經理請你過去一下！」這才像個樣子。

回答上司的問話，一定要簡單明瞭，絕不能含混。即使是挨批，而且明顯是上司因為誤解，批錯了，你也要把臉皮磨得厚厚的，絕不可忿忿不平地頂嘴。因為不論上司批得對或錯，你的頂嘴都是對其權威的挑戰。在這種情況下，上司關注的焦點恐會逸出他所批評的事，全力維護自己的權威。

對上司的尊重，並不一定非得在正兒八經的場合表現，在一些並不起眼的小事上也不可輕忽。比如，上司走到你的桌子前和你說話。這時，你必須馬上站起來回答。

碰到時間不對，例如你正埋頭努力算賬，完全沒有發現上司過來。等聽到聲音時，他已經站在你面前開始問話：「某公司的應收賬款有多少？」

這時，應收賬款簿正攤開在你桌子上。於是，你仍然坐在那兒，指著賬簿回答：「從上個月底到現在，一共〇〇〇萬元。」

這樣回應，表面看起來好像沒什麼不妥，卻仍有所不足。正確的做法應常是：馬上站起來，站著翻閱賬簿答話。設若你必須拿出其它記錄或使用電腦，非坐下來不可，你必須先向上司說一聲：「對不起！」

當然，如果你正坐在電腦或打字機前面，上司從你的後方走來，則另當別論。因為這時候你站起來，上司面對的恰好是你的後背，看不見你的工作狀況。在這種情況下，坐著答話也沒什麼關係。

上司命令你做事，會提出各項說明。這時候，千萬不能中途打斷他的講話。上司的話，或許結論並不是你所想的那樣。但中途插嘴，只會讓上司感到你很輕率，不尊重他。碰到性格暴躁的上司，他可能大聲怒喝：「閉嘴！聽我把話說完！」

所以，在上司交代工作的時候，只要靜靜地聽，適時地點頭答「是」，表示自己瞭解他所交代的內容。在這種情況下，應答宜稍遲。太快應答，會顯得草率和不穩重。讓對方覺得——這傢伙在打馬虎眼！

上司說話時，最忌諱的就是以否定的言詞打斷他，潑他冷水。比如：「這恐怕做不到！」「即使調查也沒用！」「這不是已經做過好幾次了嗎？沒必要再做了嘛！」

這些回話都很不適宜。

上司交代完畢之後，不要立刻表示否定的意見。上司之所以把某項工作交給你，恐怕早在事先就已猜到你會有什麼反應。明知道你可能會反對，還是交代你做，一定有他的用意。這時候，你最好無條件服從，並且忠實地執行。

經過仔細思考之後，對上司所說的話若還不理解，或是有不同的意見，一定要很冷靜地和他商量。千萬不可做出任何情緒反應，以免讓上司認為你是故意唱反調。

上司的意見和你不同，如何是好？答案很簡單：除了服從之外還是服從。因為你服從而幹錯了，上司倒大楣，你頂多稍受牽連，也可能什麼事都沒有。你若不服從，馬上會被他打入另類，今後肯定常給你穿小鞋。

8 故意留個破綻，成全上司的好勝心

清代的乾隆皇帝很愛聽奉承話，但又不樂意看到臣下當面吹捧。他非常喜歡談文講史，對文史的整理工作特別重視。在刊印二十四史時，怕主其事者有誤，他常親自校勘。每校勘出一個差錯，就覺得是做了一件了不起的大事，心裏特別痛快。因此，幹這差事的大臣為了迎合他的心理，就在抄寫的書稿中，故意在明顯的地方抄錯幾個字，以便「宸翰勘正」。這實際上是變著法兒討他高興。這樣做比當面奉承，效果好得多。當然，書稿中也有乾隆改不到的地方。但經他「御批」的書稿，就沒有人再敢動了。這也是後人見到的「殿版書」訛誤較多的原因所在。

姑且不論這樣做的負面影響，這樣做，在與上司打交道時，的確收效甚大。因為上司是人，自然有一般人的自尊心、虛榮心和好勝心，下屬只能處處討好、奉承，讓他的自尊心得到最大限度的滿足。

要滿足上司的自尊心，就必須抑制你自己的好勝心。抑制自己的好勝心，一定要不露聲色，做得自然。如果讓上司覺察出你做得很勉強，還不如不做。

對於上司交辦的事，一定要盡可能快速完成，不要過分糾纏於辦事的細節和技巧。因為如果你把事情處理得過於圓滿，讓上司挑不出丁點毛病，那就顯示不出上司比你高明的地方。甚至，上司會為此覺得你「功高蓋主」。

聰明的下屬常會故意在明顯的地方留下一點瑕疵，讓同事一眼就看出他「連這麼簡單的問題都搞錯了。」這樣一來，儘管他出人頭地，別人也不會排斥他。上司一旦發現「原來你也有錯」，反而會失去對他的戒心，更加器重他。

與上司打交道，適當地把自己壓得低一點，就等於把上司抬高一點。受人抬舉，誰還有放不下的敵意呢？

要知道，大多數人在對別人諄諄以教時，自尊與威信總能得到很大的滿足，虛榮心會「high」到最高點。

上司交辦一件事，你辦得無可挑剔，似乎顯得比他還高明，你的上司就可能會感到自身的地位岌岌可危。換一種做法，對上司交辦的事，你三下五除二就處理完畢，他會首先對你旺盛的精力感到吃驚。而因為快，你雖然完成了任務，卻不一定完美。這時，他就會指點一二，從而顯示他到底高你一籌。這就好比把主席臺的中心位置給上司留著，單等著他來做「最高指示」一樣。

陪上司進行某項比賽，你必須讓他一步。即使上司的技術不如你，你也得想法子讓他得勝。但這種讓並非一味退讓。如果不能表現出你的真實本領，也許會使上司誤認你的技術本就不太高明，反而覺得你無足輕重。這就沒有達到「讓」的目的。

所以，與上司比賽時，應該根據上司的水平，施展出相應的本領，爭取先造成一個勢均力敵的局面，使上司看出你不是一個弱者；進一步再施全力，把他逼得很緊，使他神經緊張，覺出你是個能手。最後一步是關鍵：你故意留個破綻，不露痕跡地讓他突圍而出，從劣勢轉為均勢，從均勢轉為優勢，把最後的勝利於不知不覺中讓他奪得。上司得到這個勝利，雖費過許多心力，但危而復安，精神一定十分愉快，心裏肯定對你非常讚賞。

安排破綻必須十分自然，千萬不要讓上司明白你是故意使他得勝，覺得你這人虛偽。從心理學的角度分析，一般人在安排破綻的過程中，起初還能以理智自持，待比賽到了緊要處，感情一時衝動，好勝心勃發，卻可能不肯再做讓步。這是常有的事。

偉大的人喜歡愚鈍的人。在待人處事中，特別是與上司相處，記住這一點，就不會吃虧。任何上司都有展現威信的需要，不希望下屬超過甚至取代自己。所以，上下級相處時，聰明的下屬總會想方設法掩飾自己的實力，以裝笨反襯上司的高明，藉此獲得上司的青睞與賞識。

古人說：「過分聰明、強悍的大將反而是滅家亡國之人。」現在看來，這話可說是待人處事中的成功箴言。

南宋時期，秦檜是個奸詐的厚黑之輩。他有個下屬，也頗具厚黑之能。為了討好秦檜，有一次，這人送給他一張名貴的地毯。秦檜把這張地毯往屋裏一鋪，不大不小，恰好合適。他由此想到，這個人太精明了，連我屋子的大小都測得出來，還有什麼事瞞得了他？秦檜慣於在背後算計人，怎可能容忍別人對自己的心思掌握得如此透徹？有了這個想法，那個「聰明」的下屬的命運就可想而知了。

所以說，下屬與上司打交道，最忌諱的就是在上司面前賣弄聰明。雖說任何一個上司都希望自己的下屬既聰明能幹又對自己絕對忠誠，但《厚黑學》提醒你：一定要把握好某個限度，既不能愚笨木訥，更不可聰明過頭。

如果你以為千方百計顯示自己的才華，便能夠博得上司的好感，那就大錯特錯了。你顯示自己的能幹，一點錯也沒有，但做過了頭，難免走到反面。你「聰明」過度，上司就會覺得在你面前什麼事都瞞不住，必定處處疏遠你。試想，世上之人，哪個沒點個人隱私？別說高高在上的上司了，就是普通人，又有誰願意把自己的內心世界讓別人完全看透，沒一點遮掩？

鈍刀子切東西，再怎麼用力也切不下去；鋒利的刀子雖然很好切，但一不小心，很容易傷到自己。

推此及彼，在待人處事中，最好也不要鋒芒畢露，以免引火燒身。例如，你對公司的內情十分瞭解，當那些弄不清楚真相的人在談論這件事的時候，其中有些人想藉機探聽消息，你卻毫無戒心，把自己所知道的內情一五一十地全說出去。如果你恰好碰到別有用心的人，他跑去向上司搬弄是非，讓上司以為你是在隨便散播小道消息，結果本來是對自己很有利的情報，反而成為自己的絆腳石，就得不償失了。

看到這裏，你肯定會說：「這個道理不用說，我早已經知道了！」但是，你是否能夠時時刻刻謹記這個原則，並且謹遵不疑呢？恐怕不盡然。

通常情況下，每個公司都會有能力好與能力一般的人。主管總是喜歡把工作交待給能力比較好的人，認為能力好的人一定能夠不負所托，完成任務。但是，這一類人多半容易驕傲自滿。一有了驕矜之心，就容易鋒芒畢露，從而遭人嫉妒。

聰明人就懂得明哲保身之道，不隨便展現自己全部的實力，以免讓人一眼就看穿了自己有多少戰鬥力。

你是否感覺到自己在某方面鋒芒畢露？別忘了「寶刀不可隨便出鞘」的道理。決鬥一開始，你就先亮出自己的傳家寶刀，你就輸定了。也就是說，寶刀一定要在最後關頭才出鞘。對方越是不知道你的實力，就越可能因怯戰而落出破綻。

9 大厚黑者懂得深藏不露

在待人處事中，通過自貶，抬高別人，特別是抬高自己的上司，獲取他的好感，往往效果奇佳。當然，要「自貶」，就得「臉厚」，必要時還要「裝傻充愣」，受到羞辱，臉上也絕不能有一絲一毫不滿流露，甚至要做出滿心歡喜的樣子。

厚與黑固然是人之本性，行厚黑也是人情之自然，但真正的大厚黑者都懂得深藏不露。李宗吾說：「十室之邑，必有厚黑如宗吾者焉，不如宗吾之明說也。」因此，行厚黑的人往往是厚黑儘管厚黑，卻應默默去做，不張揚。否則樹大招風，難免招來不必要的麻煩。

莎士比亞的名劇《哈姆雷特》中有這麼一段：

丹麥王子哈姆雷特在見到冤死的父王的鬼魂之後，獲悉自己的母后與接替王位的叔父於父王在世時已有姦情，叔父即因此而謀害了自己的父王。

得知真情，哈姆雷特異常震驚，言談舉止問自然露出疑惑。他突然的反常變化終被敏感的叔父發覺。本就做賊心虛的叔父害怕陰謀被揭露，便想用對付老國王的方法對付哈姆雷特。

此時，哈姆雷特的處境非常險惡，稍有不慎，即會招致殺身之禍。為了贏得時間和機會，揭露陰謀，為死去的父王報仇，他含羞忍恥，裝成瘋子，整天在宮廷內外遊蕩，說些誰也聽不懂的瘋言癡語。但心底深處，他正細心地觀察著身邊的一切，甄別善惡，隨時為復仇做著準備。

他的計畫成功了！篡權的叔父放鬆了對這個「瘋」王子的戒備，哈姆雷特終於得以在關鍵時刻，揭穿一場宮廷大陰謀，殺死了敵人。雖然哈姆雷特最後也死於與他決鬥的敵手毒劍下，但他裝瘋賣傻的厚黑之道已取得了成功。

富有經驗的獵手都知道，兔子只有在跑起來的時候才好打。同理，在待人處事中，有時明知道對手欲對自己不利，但由於對方藏得很深，表面上還無法看出他的不義之舉。此時不妨裝糊塗，故作不知，以起到麻痺和驕縱對手的目的。待對方得意忘形，蠢蠢欲動時，你就可以趁勢將之一網打盡。

火車必有雙軌才能行進。行厚黑之道，也必須「鋸箭法」與「補鍋法」雙管齊下才能奏效。

「做飯的鍋漏了，請補鍋匠來補。補鍋匠一面用鐵片刮鍋底的煙灰，一面對主人說：『請點火來我燒煙。』他乘著主人轉背的時候，用鐵錘在鍋上輕輕的敲幾下，那裂痕就增長了許多：及主人轉來，就指給他看，說道：『你這鍋裂痕很長。上面的油膩了，看不見，我把煙灰刮開，就現出來了，非多補幾個釘子不可。』主人埋頭一看，很驚異地說：『不錯！不錯！今天不遇著你，這口鍋子恐怕不能用了。』及至補好，主人與補鍋匠皆大歡喜而散。（春秋時代）鄭莊公縱容共叔段（他的弟弟），使他多行不義，才舉兵征討，這就是補鍋法了。歷史上這類事情是很多的。有人說：『中國變法，有許多地方是把好肉割了下來醫。』這就是變法諸公用的補鍋法。在前清官場，大概是用鋸箭法。民國初年，是鋸箭、補鍋二法互用。」

「鋸箭法」是厚中有黑，「補鍋法」則是黑中有厚。這二大待人處事的絕招，有企圖必者必得潛心研究，才可能在人世間活得自在逍遙。

10 裝傻要裝得恰到好處，不要弄巧成拙

「故意裝傻」，就是指不炫耀自己的聰明才智，不反駁對話者所說的話。要做到這一點，非常不容易，必須具有很好的演技才行。待人處事，如果不能把裝傻的本領掌握得恰到好處，很可能弄巧成拙。

鋒芒太露而惹禍上身，古時候的為人臣者功高震主就是典型之例。打江山時，各路英雄匯聚到一個主子麾下，鋒芒畢露，一個比一個有能耐。主子當然需要借助這些人的才能，實現自己圖霸天下的野心。待天下已定，這些虎將功臣的才華不會隨之消失，他們的才能便成了皇帝的心病，讓他備感威脅。所以，往昔屢屢有開國初期斬殺功臣的事例發生。漢代韓信被殺燒，明太祖火燒慶功樓，無不如此。

鮮花盛開，其姿最是嬌豔的時候，不是立即被人採摘而去，也已進入衰敗期。人生何嘗不是如此。所以說，志得意滿，趾高氣揚，目空一切，不可一世，不被別人當靶子打才怪哩！要之，無論你具有怎樣出眾的才智，都一定要謹記：不要把自己看得太了不起，太重要，以為自己是救國濟民的聖人君子。還是收斂起你的鋒芒，夾起你

的尾巴，掩飾起你的才華，裝裝傻吧！

然而，不是人人都可以傻得恰到好處。

一次，筆者的一位李姓朋友前往拜訪某公司的總經理。在交談了一會兒之後，這位總經理再三提到IC、IC。當然IC一般指的是積體電路，然而這家公司和IC並沒有任何關連。

原來這位總經理說的是「提升公司的形象」，也就是CI（Company Image），而非所謂的IC。當時，筆者的這位朋友並沒有提醒對方。後來，這位總經理終於發現自己說錯了。他脹紅著臉，難為情地看著我的朋友。他心裡嘀咕著：「這傢伙明知道我說錯了卻不告訴我，分明是想看我笑話！」

其實，筆者的這位朋友完全是因為記取了「好的聽眾比好的發言者更重要」這條處世箴言，因此故意裝傻，誰知反而弄巧成拙。裝傻裝錯了，反而引起人家的誤會，真是太糟糕了。

在待人處事中，像這樣的例子時有所聞。如何才能夠應付得恰到好處，的確很不容易。因為你不露鋒芒，可能永遠得不到重任；鋒芒太露，卻又易招人陷害，等如為自己掘好了墳墓。

「為尊者諱」，是官場的一條規矩。一個人，無論他原來的出身多麼低，有過多麼不光彩的經歷，一旦當上大官，爬上高位，他身上便罩了一層靈光，變得神聖起來，往昔那種種見不得人的勾當，要嘛一筆勾銷，永不許再提，要嘛重新改造，重新解釋，賦予新的含義。

因而，要謹慎處理與上司的關係，就得謹記，千萬不要傷害上司的尊嚴，並注意替上司保守你所知道的祕密。也就是說，你必須睜隻眼，閉隻眼，對上司不願讓人知道的事，看見了也假裝沒看見。如此裝傻，自然不會遭遇什麼危險。

11 處變不驚，用厚臉掩蓋內心的祕密

「馬有失蹄，人有失言。」偶爾失言，事實通常。但失言往往是許多矛盾發生和激化的根源。因此，偶遇失言的困境，如何處變不驚，巧妙挽回，就顯得很重要。

蘇東坡有一句談論個人修養的名言：「泰山崩於前而心不驚，麋鹿興於左而目不瞬。」——這正是厚黑大師表現出的素養，也是待人處事必備的心理素質。它表現出一個人的氣度與心理承受力。

處變而驚，可能使對手看出破綻，部屬也會驚慌失措。處變而驚是耐力不強，底氣不足的表現，更是厚黑之術修煉不到家的證明。大凡成功的政治家，都能夠處變不驚，氣度從容。當然，做到這一點相當不容易，必須對事情的前因後果、來龍去脈都了然於胸：事情發展到哪一階段，最好可能到到達什麼程度，最壞可能是什麼樣子，自己能否承擔後果。

如果發展到最壞，自己仍然能夠承擔，那就毫不猶豫地幹。因為，事到臨頭，會出現什麼樣的情形都在預料之中，何驚之有？再者，如果有事，只須總結經驗，採取

補救措施，預測並為未來之事做準備。若無事，可寧心靜氣，思左慮右，力求有悟；即使未悟，至少可推一知二乃至推一知十。

處變不驚，至少可以帶來三個方面的有利戰果：一是迷惑敵人，穩定軍心；二是理清思緒，冷靜處事，防止偏差；三是臨陣不慌，必有刀槍。

心慌而致亂，心驚多失策。處變不驚，可使人用面不改色心不驚的氣度涵蓋眾多的人與事。內中精義博大精深，唯厚黑高手才能真正瞭解和掌握。

「做得說不得」與「說得做不得」要分清楚！

厚黑教主李宗吾說：「友人雷民心，發明了一種最精粹的學說，其言曰：『世間的事分兩種，一種是做得說不得，一種是說得做不得。例如夫婦居室之事，儘管做，如拿在大庭廣眾中來說，就成為笑話。這是做得說不得。又如兩個朋友，以狎褻語相戲謔，抑或罵人的媽和姊妹，聞者不甚以為怪，如果認真實現，就大以為怪了。這是說得做不得。』民心這個學說，凡是政治界、學術界的人，不可不懸諸座右。厚黑學是做得說不得的，讀者不可不知。」

在待人處事中，有的事「做得說不得」，有的事又「說得做不得」。

與你打交道的人如果是個「既想當婊子，又要立牌坊」的厚黑高手，因為他知道自己的喜好為人所不恥，你在投其所好時，就千萬不要張揚，天知、地知，你知、他知，雙方心領神會即可。換句話說，與這樣的人相處，當你靠厚黑之道達成了目的，你只要安心地享受成功的果實即可，你的法寶，就像錢財不能露白一樣，千萬不要張揚。這就是「做得說不得」。

我們就拿老佛爺慈禧做為案例，具體應把握以下兩點：

第一步——千方百計打聽到對方「難言之隱」之所在，拿來善加利用。利用得好，對方一定會認為你是個與眾不同，善解人意的人。

光緒六年，慈禧太后染上奇病，御醫日日進診，屢服良藥，竟不見好轉。為此，朝中下詔各省督撫保薦良醫。

兩江總督劉坤一薦江南名醫馬培之進京御診。

馬培之，字文植，江南人譽之為「神醫」。

很快，一道聖旨從北京下到江蘇，徵召馬培之進京。馬培之家鄉孟河鎮的人無不為馬氏奉旨上京而感到自豪。可是，年逾花甲的馬培之卻歡喜不起來。他自忖：京華名醫如雲，太后所患之病恐非常病，否則斷不會下詔徵醫。此去要是弄不順，只怕毀了懸壺多年所得的盛譽不算，還可能賠上老命。

七月底，馬培之千里跋涉，抵達京都，立即打探慈禧病況。

其實，關於慈禧太后的病，傳說紛紜，有人傳是「月經不調」，也有人說是「失血症」，更有一些離奇的鬼怪傳說。

馬氏拜會了太醫院的御醫，卻不得要領，心中不由得十分焦急。後又連日訪問同鄉親友，終得一位經商的同鄉認識宮中一位太監，請這位太監向西太后的近侍打聽慈禧患病的真實起因以及有關宮闈之祕。果然，從這條捷徑傳出了消息。這消息卻使馬培之大吃一驚：慈禧之病乃是小產的後遺症。

慈禧早已寡居多年，何能小產？吃驚之餘，馬培之心中已明白了大半，同時也自覺心安了許多。

第二步——善做「面子」工作，既照顧到對方「面子」，還要考慮到自己的面子。最關鍵的是，這種「塗脂抹粉」的工作一定要做得自然，不露痕跡。

於是，馬培之在太監帶引下，不知拐了多少宮巷，跨過多少門檻，終於來到金碧輝煌、侍衛森嚴的禮元殿。只見40多歲的慈禧，臉上雖然塗著很厚的脂粉，卻難掩那血虧的面色。

西太后先詢問馬氏的籍貫、年庚及行醫經歷的一些細節。然後由太醫介紹聖體病況。當時在場的還有京外名醫薛福辰和汪守正等人。於是，由薛、汪、馬三醫依次為西太后跪診切脈。診畢，三位名醫又各自開方立案，再呈太后。

只見老佛爺看著薛的方案，沈吟不語；再閱汪的方案，面色已見凝重。此時三大名醫莫不緊張，個個沁出冷汗。待太后看了馬的方案，神情漸轉祥和，金口出言：「馬文植所擬方案甚佳，抄送軍機及親王府諸大臣。」

眾人聽罷，心中的石頭終於落地。馬氏更是歡喜。

馬培之對慈禧的病因本已心中有數，再切其脈，完全暗合產後失血之症。他在方案上隻字未敢言及婦產的病機，只作心脾兩虛論治。在具體藥方上卻是明棧暗渡，聲東擊西，用了不少調經活血之藥。此正中慈禧下懷。

西太后本來對醫藥就素有瞭解，見馬培之所開方案，甚合己意。這是因為，醫生開的藥方要抄送朝中大臣，所以必須既能治好病，又可遮掩私醜，塞住眾口。馬氏的藥方正符合這兩種要求。而薛、汪兩位名醫的方案雖然切中病機，脈案明瞭，在醫術上無可挑剔，卻免不了投鼠忌器，不中老佛爺的心意。

後來，慈禧服用了馬氏所開的藥，「奇病」漸癒，一年後基本康復。馬氏本人因此深得慈禧信任，留京良久，賞賜極豐。此後，無論是在京還是返歸故里，馬培之對慈禧的病根始終守口如瓶，因而得以安享晚年。

12 以「聰明的糊塗」摸清手下的想法

許多上班族可能都會有這樣的體會：自己的上司若是非常精明強幹，平時的言談舉止就得特別謹慎，免得被精明的上司抓住自己的疏漏之處。上司雖然精明過人，但整天被一群戴著面具的下屬圍在身邊團團轉，往往也搞不清東南西北。

面對這種情況，身為上司者，最好的辦法就是先裝傻，什麼都不說，什麼也不管，讓下屬儘量表演。

參加假面舞會的人為什麼那麼放肆？這是因為所有參加者都覺得沒有人知道自己的所作所為。同理，如果下屬覺得上司是個什麼都不懂的笨蛋，他就會最大限度地將自己的真實想法暴露出來。此時，原本「愚笨」的上司就可突然精明起來，在摸清下屬真實的想法和人品高下之後，來個重新組合，進行大調整、大換班，收效必大。

韓非子曾經告誡為人君：「人君防備臣下，要處無為之事，行不言之教。」即很多時候，表面上要清靜無為，不表明自己的態度，以防被總在窺測君主意向的臣僚和近侍所探知。到適當的時候，一直暗中觀察、考察群臣的皇帝即可拿出赫赫皇威，給予群臣有效甚至致命的震撼，糾正他們不合君意的舉措，打擊他們可能觸犯王法與君王利益的行為，並適當表彰做得好的臣子。只有這樣，才能彰顯君王的英明與偉大。臣僚總在膽戰心驚中謹慎做事，夾起尾巴做人，永遠跟著君王的步調，不敢為非作歹，這樣國家就會安定，君主的江山就可長存。

「三年不飛，一飛沖天；三年不鳴，一鳴驚人。」此典出自春秋時代，楚莊王以退為進、以靜制動，表面上荒淫廢弛，實際上時時處處都在觀察大臣的忠奸，最終全盤知曉臣僚的真實，親君子，遠小人，一舉成為春秋霸主之一的故實。

據史書記載，公元前六一四年，楚穆王去世，他的兒子侶（也作旅）繼承王位，史稱楚莊王。看到楚國新王初立，晉國便想趁機恢復已經失去的霸業。晉相國趙盾派人四處活動，利用自己尚未完全失去的影響，把幾個早就依附於楚國的小諸侯國都拉到自己的麾下，建立了以晉國為首的聯盟。楚國好不容易建立起來的勢力範圍眼看就有化為烏有，全國上下一片恐慌，紛紛要求楚莊王採取措施，與晉國一決雌雄。

可是，莊王即位之後，似乎一點也不關心國家大事，整天就知道尋歡作樂，長達三年時間，竟然沒有發一道有關國家大事的命令。群臣紛紛上表，勸諫他節制淫樂，以國事為重。莊王對這些諫表都不屑一顧，甚至下了一道死令：「今後再有人敢議論國君是非者，格殺勿論！」

命令下後，果然上諫的人近於絕止。自此，莊王更是恣意作樂。然而，畢竟還有不怕死的忠臣。

一天，大夫伍舉求見國王，說有要事稟告。這時，莊王正忙於和寵姬溫存，哪有半點心思聽什麼要事。但是，自己畢竟是一國之王，不見大臣又不行，只好下令傳伍舉上殿。

伍舉走進大殿，只見莊王左手摟著一位從鄭國來的美女，右手抱著一位從越國來的美女，正坐在一大片樂器中間，盡情歡笑。看見伍舉走了進來，莊王才收住了笑，滿臉不高興地說：「有什麼要緊的事趕快說！沒看見我正忙著嗎？」

伍舉知道，眼下一個不小心，就很可能把自己的性命搭進去。因此，他強忍悲憤，委婉奏道：「倒也沒什麼大不了的事。只是，臣下聽說大王特別喜歡猜謎語，這會兒手上正好有一個，許多人都猜不出來，今天特來獻給大王，請大王指教。」

莊王的確喜歡猜謎語，特別是一聽說別人都猜不出來，更是來勁，連忙說：「快講給我聽。」

伍舉看到莊王的熱勁兒，知道自己的生命已沒有危險，便一字一頓地慢慢說：「山上有隻鳥，三年不飛翔，三年不鳴叫。請問大王，這是隻什麼鳥？」

莊王本是天資聰穎，一聽這話就明白，伍舉是在諷諫他。可剛剛自己已同意他說，又不好問罪，便只好故意做出一副失望的神情，說道：「我還以為是什麼妙謎呢，原來就是這個呀！這有什麼可奇怪的？三年不飛，一飛沖天；三年不鳴，一鳴驚人嘛。伍大人可以回去了，我明白你是什麼意思。」

伍舉滿以為莊王既然明白自己的意圖，肯定會有所收斂。沒料到，此後幾個月，莊王不僅沒有收斂，反而變本加厲，所作所為比以前有過之而無不及。

大夫蘇從實在看不下去了，再也不管什麼禁令，趁上朝的機會，在大殿之上慷慨陳詞，勸諫莊王以國事為重，遠離身邊那些只知逢迎拍馬的佞臣，好好治理國家。

莊王似乎十分疑惑不解，兩眼直盯著蘇從，任憑他往下說。待蘇從把話說完，他才慢悠悠地說出一句任何人聽了都會感到心有餘悸的話：「你竟敢不遵孤王的命令……」

蘇從鎮靜地回答：「臣下是大王的臣下，對大王的命令豈敢不遵！」

楚莊王怒問：「既遵不准上諫的命令，卻還上諫，難道你不怕死？」

蘇從回答：「如果我的死能夠使大王悔悟，成為賢明之君，臣何惜一死！」

眾臣看到蘇從竟敢和楚莊王辯理叫板，都以為這次他必死無疑了，不由得替他捏了一把冷汗。

實際上，眾臣幾無人瞭解，莊王表面上尋歡作樂，卻是無時無刻不在尋找忠臣、良臣和智臣。因而，他此刻不僅一點火也沒發，反而哈哈大笑。

眾臣都被搞糊塗了，卻是誰也不敢說一句話。

莊王盡情地笑夠了，才滿面春風地對蘇從說：「我整整等了三年，終於盼到像你這樣的忠臣。如你與伍卿，正是楚國振興的真正希望之所在啊！」

隨後，莊王下令，殺掉三年來圍在自己身邊，那些只知拍馬奉承的官員，並下令整頓國政，將數百名為非作歹的慣犯正法，提拔了數百名在這期間敢於上諫，治國有方的官員。他任命伍舉和蘇從全面負責國家政務，全力發展生產，訓練軍隊，使楚國迅速發展起來，終於打敗晉國，成了「春秋五霸」之一。

ch.6

成大事者，不拘一格

——在競爭激烈的社會，人人想爭利，個個展現實力，慢一步就沒了機會。因此，面臨生存競爭，你應該克制不好意思的本能，大膽地表現你的企圖心，並採取必要的動作。否則，你不好意思，別人反而可能笑你笨哩！

1 臉皮厚，吃個夠

俗話說：「臉皮厚，吃個夠；臉皮薄，吃不著。」這話拿來與李宗吾的大作相較，更可見出《厚黑學》之博大精深。因為這句經過長期實踐總結出來的俗語，僅僅說出了李宗吾「厚黑學」之一半。

臉皮厚，是一個人獲取成功的不傳之祕，對一個人事業的進展非常管用。許多人都飽嘗過外語學習的難處。難在哪裡？就難在張不開嘴，說不出來，學來學去，老是卡在那兒。深入分析，原因還是在臉皮兒薄，怕說不好，丟面子。

這時，假若你能夠利用臉皮加厚，不怕出錯，管它三七二十一，大聲地說它一氣，讀它一通，自然能收到事半功倍之效。這叫「臉皮厚，學得快」。

據一位掌握數門外語的朋友私下對我說，他練習外語的祕訣就是「厚臉皮，薄嘴辱」。意思是：敢說，多說，在眾目睽睽之下不怕出醜。

馮某為人熱情大方，最大的特點就是臉皮厚。無論別人對他態度是好是壞，他都能以熱臉相迎。

在調到一個新單位之後，他首先考慮到的是：如何贏得上司的好感和賞識？他做了一番認真的調查，得知新上司為人保守。於是，他毅然捨棄長髮、牛仔褲等時髦裝束，以循規蹈矩的形象出現在新上司面前。

初步贏得上司的好感之後，馮某又發揮自己熱情、樂於助人、慷慨大方的優點，積極地與上司建立友誼。

想不到，這上司為人孤僻多疑，喜歡獨處，對馮某的熱情頗不以為然。

馮某碰了幾次壁後，臉上絲毫也不表現出來，而是改變策略，去順應上司的性格特點，不再經常圍著他轉。

後來，馮某發現上司有個最大的愛好是下圍棋。為此，他苦練了一段時間的棋藝，然後頻頻到上司常去的一家俱樂部露面，並且每次都是和上司捉對廝殺，切磋技藝。此舉果然奏效，上司漸漸放鬆了心理防衛，與他成為朋友，予以重用。

由此可見，建立在厚臉這個基礎上的投其所好，曲意逢迎，不僅是一種為官的手段，更是一門高超的待人處事技巧。

每個人都有自己的臉皮觀，這關係到自己的尊嚴和地位。在待人處事中，臉皮厚，最能建立良好的人際關係，為自己的成功創造和諧的氛圍。

古往今來，從東方到西方，有許多因臉皮厚，獲得成功的事例。這些成功者練就了刺不進、扎不透的厚臉皮，保護著他們在遭到旁人的非難時，仍能忍氣吞聲。

春秋末期，越王勾踐為了復仇，竟然在眾目睽睽之下替夫差親口嘗大便的味道。最終，他以自己的厚臉皮換來「三千越甲可吞吳」的輝煌。

劉備出道之後，惶惶不可終日，四處托庇於人，見人先哭後說話，依靠自己的厚臉皮，忍辱負重，才終於打出了三分天下。

韓信乞食於漂母，受辱於胯下，其後終於在垓下一戰功成。

還有曾國藩，屢戰屢敗，幾次被打得羞憤難當，想跳江，幸虧臉皮還算厚，沒真跳，做樣子時被人拉住，終於功成名就。

唐代王播起初無依無靠，寄居寺廟，靠和尚施捨度日。和尚為了趕走他，故意在吃飯時不敲鐘。一次，等到吃完飯，才敲響開飯的鐘聲。這讀書人跑去一看，啥都沒了。他臉皮果然厚，面對這樣的羞辱，他也只不過在牆上題詩兩句，聊以解嘲，其後仍舊死皮賴臉地「蹭飯」苦讀。結果，總算換來高官得中的一天。在他衣錦還鄉之時，過昔日寄居之寺一看，壁上兩句詩早已被綠紗罩上了。他感慨之餘，添寫了「二十餘年塵拂面，如今始得碧紗籠」兩句。

細思之，厚臉皮其實就是「勝固欣然敗亦喜」的平常心，「走自己的路，讓別人說去吧」的勇氣，愈挫愈奮，百折不撓的堅忍，抱負遠大，志在高遠的胸襟，還有志在必得的自信。歸根結柢，就是心理素質好。

對於社會上那些利用厚臉皮獲得成功者，厚黑教主李宗吾歸納為三個層次：

其一，雖然臉皮像城牆一樣厚，卻可能被戳穿。誰見到他們，都能發現他們的厚臉皮。此乃厚臉皮的初階。

其二，臉皮不僅既厚又硬，並且油光發亮，看起來很能吸引人。此類厚臉皮，會讓人感到可以信賴，在不知不覺中為其所利用。此乃厚臉皮的中階程度。

第三，臉皮厚得無形，根本看不出來。這是最高層次。修煉到這一層次的人看上去都很有德行，能夠不顧一切地利用他人，追求自己的目標，而且，被他們利用的人還覺得很榮幸。此乃厚臉皮的頂尖高手。修煉到這個地步的人通常認為，為了獲勝，沒有不能付出的代價，損害別人的利益也在所不惜。反正目的就只一個——成功。

2 讓「朋友」吃不了兜著走

厚黑高人認為：朋友能依靠就一定要靠，不要心存什麼不好意思；臉皮厚一點，什麼都瞬間即過。「朋友」的切身利益若與自己的利益發生矛盾，不妨巧妙地利用「朋友」為自己服務。至於事後朋友如何向相關人士交待，是不是能夠過得去，管那麼多幹啥！

周瑜威武剛毅，膽識過人。當曹操指揮數十萬大軍南下，東吳群臣聞風喪膽，紛紛欲降之時，周瑜砥柱中流，堅如磐石，受命於危難之際，進軍於強敵之前，終於擊敗曹操，贏得關鍵性的勝利，為東吳政權建立了巨大功勳。

赤壁大戰期間，周瑜所上演的一齣利用「朋友」的精彩劇目，可說為他最後取勝，起了關鍵性的作用。

當時，本不習水戰的曹軍數十萬，由於曹操重用了熟悉水戰的荊州降將蔡瑁、張允，使其水戰能力大大提高。為了探查敵情，周瑜乘船察看，發現曹軍設置水寨，竟然「深得水軍之妙」。他心裏很明白，雙方實力相差懸殊，想要以劣勝優，必須揚長避短；而要揚長避短，就得防敵變短為長。於是，他暗下圖謀：「吾必設計先除此二人，然後方可破曹爾。」

真是無巧不成書，周瑜正絞盡腦汁設謀定策之時，曹操手下謀士、周瑜的故友蔣幹來訪，想利用與周瑜的私交，或者勸降，或者探查吳軍虛實。周瑜一眼就看出蔣幹的來意，馬上定下一條利用「朋友」的妙計。

當天晚上，周瑜大擺筵席，盛情款待老朋友蔣幹。他以「只談私情，不談公事」為藉口，堵住了蔣幹勸降之語。席間，他開懷暢飲，喝得爛醉。夜間，又佯作大醉之狀，挽住蔣幹的手說：「久不與子翼（蔣幹的字）同榻，今宵抵足而眠。」

當軍中打過二更，蔣幹起身，見殘燈尚明，周瑜卻鼻息如雷。這時，他突然發現帳內桌上堆著一疊公文，急忙近前觀看，見都是來往書信，內有一封寫著「蔡瑁、張允謹封」。他大吃一驚，急忙取出偷看。其中寫道：「某等降曹，非圖仕祿，迫於勢耳。今已賺北軍困於寨中，但得其便，即將操賊之首獻於麾下。早晚人到，便有關報。」蔣幹大驚，急忙將書信藏於衣內，到床上假裝睡覺。

大約四更時分，有人入帳，低聲呼喚周瑜。周瑜故做「忽覺之狀」。那人說：「江北有人到此。」周瑜喝道：「低聲！」隨轉過頭來衝著蔣幹喊了兩聲。蔣幹佯裝熟睡，沒有作聲。於是，周瑜偷偷走出營帳。蔣幹趕緊爬起來偷聽，只聽得外面有人說：「張、蔡二都督道：『急切間不得下手！』……」後面的話聲音低下去，什麼也聽不清楚。不一會，周瑜回到帳內，又睡下。

五更時分，蔣幹低聲喊了周瑜幾聲。周瑜沈睡，沒有應聲。蔣幹當即披上衣服，悄悄溜回江北。回到曹營，他向曹操報告了訪周所見，並交上那封偽造的書信。曹操勃然大怒，立即下令斬了蔡瑁和張允。待兩顆血淋淋的人頭獻上，曹操方才恍然大悟：「吾中計矣！」

就這樣，周瑜利用蔣幹這個老朋友，巧妙地假曹操之手，一舉除掉了兩個最大的隱患。從而才有了流傳至今的赤壁大戰火燒曹營的壯舉。

精通下象棋的人都知道，在關鍵時刻，為了大局，有時要「棄車保帥」。同樣道理，在待人處事中，自己若面臨危機，犧牲同夥以求自保，也沒什麼不可以。

唐代，李輔國自幼進宮當太監，一開始幹最低賤的雜活兒，在皇帝的馬廄中清掃馬糞。他人長得很醜，卻極有心計，且粗通文墨，只是一直沒找到出頭的機會。後來巴結上了高力士，給他當了一段時間奴僕，到40歲，才撈了個在馬廄管賬目的小官。他極有耐心，認真管理，不許養馬的太監報假賬，把馬養得很肥壯。為此，他被推薦給太子李亨。就這樣，他攀上高枝。

他十分明白，自己目前資歷尚淺，威望不足以服人，必須以謙卑的態度和大臣們交往。否則，即使有皇帝的支持，也站不穩腳跟。他卑以辭色，還經常吃齋念佛，打坐誦經。為此，從皇上到朝臣，都覺得他十分和善，很喜歡且信任他。

唐玄宗因避「安史之亂」，移駕四川。在馬嵬坡，楊貴妃和楊國忠被殺。李輔國看準時機，向太子李亨獻計，趁此時機，可以要求玄宗分給他部分兵馬，以反擊叛軍，收復西京為號，另選落腳地。他還串通好了太子的寵妃張良娣一同勸說。

就這樣，李亨在李輔國、張良娣及建寧王李炎的勸誘之下，沒有跟玄宗逃往四川，而是到了靈武。不久，李輔國又勸說李亨即位，說是玄宗離逃，遠在四川，不足以聚攏人心，平定叛亂。李亨覺得此時確實是良機，就在靈武即位，是為唐肅宗。

肅宗即位，確實使天下人心為之一振，因為多數臣民已對玄宗失去信心。玄宗平叛無力，又遠在四川，全國軍民遂把復興唐室的希望寄託在肅宗身上。

肅宗自任天下兵馬大元帥，極其寵信李輔國，把他封為太子家令，判元帥府行軍司馬事，賜名護國。

平定安史之亂，回到長安之後，玄宗退居深宮，稱太上皇，與兒子肅宗之間不斷發生權力鬥爭。

一次，玄宗在宮中巡視。剛到睿武門，李輔國事先布置好的五百名士兵拿著刀槍衝了出來，攔在玄宗馬前。玄宗大驚失色。

高力士挺身而出，厲聲喝道：「這裏是五十年的太平天子，李輔國你想如何？」他這一喊，頗具威懾力，許多士兵不敢妄動。一看情況穩住了，他又厲聲疾喝，命令李輔國離隊出列。

李輔國沒想到會節外生枝，見士兵猶豫，他便見風使舵，免得士兵不聽指揮，反弄得自己禍滅九族。他趕緊下馬離隊，走到玄宗面前。

這時，高力士見時機不可失，立刻高聲大喊：「太上皇向諸位士兵問好！」士兵們一聽，立刻放下心來，知道上皇不會問罪了，都跪倒路邊，高呼：「太上皇萬歲，萬萬歲！」

李輔國一看，自己若不見機行事，馬上有被當作亂臣誅殺的可能。於是，他捨車保帥，立即刺死身旁的小頭目，割下其頭顱，向玄宗請罪。

高力士命令他給太上皇牽馬。他只得換下靴子，在一邊為玄宗牽著馬，和高力士一起把太上皇送回宮中。

3 有付出，才能得回報

日本繩索大王島村芳雄原在一家包裝公司當店員。有一天，他在街上漫無目的地散步，偶然間注意到許多花枝招展的太太小姐們，除了手中拿著自己的皮包外，手裏還提著個漂亮的紙袋。這些紙袋是他們買了東西之後，商店給他們用來裝東西用的。用這樣的紙袋裝東西真是既實用又方便。

經過多日細心觀察，島村發現，用紙袋的人真是多。看來，紙袋這玩意兒是一件極有發展前途的東西。

島村心下有底，又去參觀了一家造紙廠。他看見，工廠忙得像剛發生了火災的現場一樣。參觀之後，他坪然心動。看來，紙袋一定會風行一時！那麼，做紙袋的繩索也一定會大量需要。因此，他毅然決定辭去眼下的工作，自己出去大幹一番。

經過無數次艱苦努力，島村從銀行申請到一百萬元的貸款。資金有了，如何能夠在競爭激烈的商界站穩腳跟呢？創業伊始，島村決定先捨後賺，採用了一種奇特的「原價銷售法」。他在麻的產地以5角錢一條長45公分的價格大量購來麻繩，又照原價以每條5角錢的價格賣給東京一帶的紙袋工廠。

賠本生意做了一年之後，「島村的繩索確實便宜」的名聲已傳揚四方，各地的訂售單像雪片般源源飛來。此時，深謀遠慮的島村按部就班，採取了第二步行動。

他拿著購物收據，前去向訂貨的客戶訴苦：「到現在為止，我一分錢也沒賺你們的。但長此下去，我只有破產一條路了。」他的誠實感動了客戶，所有使客都戶心甘情願地把貨價提高到1條繩索5角5分。

然後，他又到痲繩產地，與廠商商量：「你賣給我5角錢一條繩索，我是照原價賣出，所以才有這麼多訂單。不過，這種『賠本』的生意，我再也做不下去了。」

供貨廠商看到島村開給客戶們的發票，大吃一驚。他們頭一次看到這種甘願不賺錢做生意的人。於是，他們不加考慮，答應每條繩索以4角5分的價格供應。這樣兩頭一交涉，每條繩索就賺了一角錢。當時，他一天就有一千萬條訂貨，結算下來，利潤相當可觀，達一百萬元。

就這樣，短短幾年功夫，島村從一個幾乎一文不名、囊空如洗的窮光蛋，搖身一變，成為日本著名的繩索大王。

4 小捨小得，大捨大得

李宗吾說：「《厚黑學》這門學問，法子很簡單，用起來卻很神妙，小用小效，大用大效。如能熟練運用，自然左右逢源，頭頭是道。」就「捨」之功而言，也是「小捨小得，大捨大得」。個人敢捨，才能得利，國家敢捨，方能得國。

秦國能掃平六國，統一天下，在很大程度上就是靠「捨」贏得。其中，以重金賄賂趙國重臣郭開，誘使趙王陣前換將，就是最明顯的一例。

據史書記載，大梁人尉繚到了秦國之後，向秦王提出一個「以捨取國」之策：「以秦國目前的強勢，其他諸侯已如同秦國的郡縣罷了。但最怕的是我們一時大意，讓諸侯因利害相結合。所以，希望君王能捨得花大錢，賄賂諸侯的豪臣，以亂其政策。大約三十萬金左右，便可以把諸侯完全消滅。」

秦王政聽完尉繚的建議，非常高興，在吞併六國的鬥爭中適時地加以運用。

長平一戰，趙國損失慘重，被迫將晉北太原之地和中南上黨之地先後割讓。到秦王政當家，趙國尚擁有中山、邯鄲、河間等地，北有雲中、雁門、代等邊郡，與匈奴相抗衡，西以太行山脈為屏障，隔擋秦國。而齊、魏、燕國勢日衰，所以趙國仍不失為東方強國。而且，趙國地處東方諸國之中樞，秦國向中原進兵，趙國既為韓、魏之後援，又遮掩了秦對齊、燕兩國戰爭的鋒芒。因此，秦統一六國，趙國最為關鍵。所以，秦始皇發動了大規模的滅趙戰爭。

秦國發動對趙戰爭，由名將王翦主持，從始皇十一年開始，至始皇十九年結束，先後達9年之久，大致分為兩個階段。

第一階段為始皇十一年至十四年，是準備期。

秦國乘趙用兵於燕之際，由王翦親率主力，從晉中南上黨地區出發，向太行山高臺地區的趙軍發動攻擊，一舉攻佔了閼與（今山西和順）、橑陽（今山西左權），直逼趙都邯鄲。另一軍由桓齮率部由南陽出發，沿太行山東南麓前進，攻取河間六城，直接威脅邯鄲南部。

趙國針鋒相對，分兩路抵禦秦軍。西路由名將李牧率軍對抗王翦；南路以扈輒為將，阻擋桓齮。

秦、趙對峙近兩年，王翦軍遭到李牧的有力阻擊，不得前進；桓齮則在始皇十三年攻佔了邯鄲東南之平陽、武城，斬趙軍10萬，殺趙將扈輒。

第二年，桓齮又率部繞道上黨，攻取了趙之赤麗、宜安，加緊了對邯鄲的包圍。

秦王政親赴河南，部署攻打邯鄲的戰事。

當此緊急關頭，趙國急抽調李牧南下，將桓齮擊敗於宜安、肥下。桓齮畏罪逃往燕國，秦國滅趙戰爭暫時受挫。

第二階段在始皇十五年至十九年，為關鍵期。

王翦因前次西進受挫於李牧，遂改道北移，率主力由太原進攻井陘關，企圖出井陘，佔領一邯鄲以北地區。另一部仍由南路經安邑、安陽，進攻邯鄲之南。

趙國主將李牧揣測到秦軍改道的意圖，便移主力北上，扼守井陘關，對抗王翦；令司馬尚率另一部趙軍據守邯鄲之南，以抵禦南路之秦軍。

結果，秦、趙兩軍又分別在北線和南線成對峙狀態。王翦被李牧阻於番吾，南路秦軍被司馬尚所擋，又是兩年時間，秦軍未得進展。

秦國為了打破僵局，按照尉繚的計策，派人到趙國，重金收買了趙王的寵臣郭開，令郭開挑撥趙國君臣關係，「言李牧、司馬尚叛反」。

昏庸的趙王聽信讒言，派趙蔥及齊將顏聚替代李牧。李牧拒不受命。於是，趙王以召見為名，誘李牧回京，令佞臣韓倉數其罪狀，抓住他上朝行禮不恭的把柄，誣告他：將軍戰勝歸來，大王親自舉爵為你祝酒，然「將軍為壽於前而捍匕首，當死！」

李牧申辯：「臣身大臂短，不能及地，起居不敬，為此，特意請人給臣用木棒接長了手，並非袖藏匕首。大人若不信，請讓臣伸出手來看看。」

說罷，將接的手伸出衣袖，狀如棒束，以布纏之。他請韓倉入告大王。

韓倉不肯通報，說：「受命於王，賜將軍死，不赦！」

李牧自知無救，北面再拜趙王賜死之命，步出宮門，右手舉劍自誅。因臂短，不及頸，遂口銜著劍，靠著柱子自殺身死。

李牧被殺後三個月，王翦率秦軍主力從上地出發，攻克了井陘關，大破趙軍，殺了替代李牧的趙軍主將趙蔥和顏聚，直逼邯鄲。秦軍另一路從南方進軍。原駐守邯鄲之南的趙將司馬尚因李牧事件受株連被廢，趙軍南線無得力之將領，南路秦軍得以順利抵達邯鄲南郊，與北部的王翦主力形成南北夾擊之勢。

最後，邯鄲城破，趙王被俘。時始皇十九年。

5 腳踩兩隻船，吃了上家吃下家

想在待人處事中立於不敗之地，必須借助於別人的力量。借助別人的力量，最好不明顯依靠哪一方，以免在你所依靠的一方倒楣的時候跟著下火海。

那麼，應該如何做，才能獲得最大的利益？

下策是誰也不靠；中策是一心投靠某一方做靠山，並與之同甘共苦；上策是腳踩兩隻船，讓兩方都將你視為心腹，吃了上家吃下家，從而保證自己獲得最大的利益。

明朝時的權臣焦芳，就是典型的善於腳踩兩隻船通吃的厚黑高手。

焦芳剛進入翰林院之初，憑藉敏銳的嗅覺，立意尋覓政治上的強力靠山。不言而喻，在那個時代，論靠山，當然莫大於皇帝了。

明弘治十八年五月，孝宗死，其獨子朱厚照繼位，改元正德，是為武宗。

武宗是明代最昏庸的皇帝之一。他當太子時就驕橫不羈，貪於玩樂。即位後，更是整天沈湎於酒色犬馬，寵信閹宦，揮霍無度。在他當皇帝的頭九個月中，僅「光祿寺供應，就比以前增加了十分之七。八、九兩月間，一頓飯的費用已達七十多兩。一年吃飯所用，不下五千餘兩。」

正德元年（一五〇五年年）四月，吏部尚書馬文升去位。焦芳以阿諛投好，毀人譽己的厚黑招法，靠著前此的討好鋪墊，把吏部尚書撈到自己手裏。

武宗即位時，年僅15，對政事不熟，也沒什麼興趣，只喜歡騎射遊獵，又十分寵愛他當太子時陪他玩樂的太監劉瑾。劉瑾自然盡力迎合武宗所好，經常會同馬永成、高鳳、羅詳、魏彬、丘聚、谷大用和張永等人，弄來鷹犬、歌伎、角觝（古時一種娛樂活動）之類，供武宗玩樂。因此，「帝大歡樂之，漸信用瑾。」劉瑾等八宦官由此得寵，橫行自恣，人稱「八虎」或「八黨」。

一向倚權勢為靠山的焦芳早就準備「深結閹宦以自固」。這時眼見劉瑾這個閹頭人日得恩寵，便「欲與瑾為好，中外附和，凡瑾所言，與芳同出一口，其所中傷，無不立應。」

當時，朝廷內外對於劉瑾等「置造巧偽，淫蕩上心」致朝政荒廢，紛紛譴責「八虎」逆行。先是「托孤」重臣，內閣大學士劉健、謝遷、李東陽等人見武宗無心理政，整天和那幫太監嬉遊無度，就與司禮太監王岳、范亨和徐智等人聯合上疏規諫；接著，戶部尚書韓文等各部大臣也聯合言官，上奏彈劾「八虎」，要求「縛送汰司，以消禍萌。」

在朝臣與劉瑾等「八虎」的鬥爭中，精通厚黑之道的焦芳即巧妙地玩了一齣「腳踩兩隻船」的把戲。

按慣例，各部會奏，理當以吏部為首簽署。但吏部尚書焦芳收到韓文等彈劾劉瑾的奏疏，先是推說：「諫非吾事。」唯恐禍及自身，不肯首署。及韓文聲言由自己負責，才呈上奏疏。但他又暗中向劉瑾告密。

第二天早上，皇帝下詔宣召大臣到左順門。焦芳惴惴不安地「徐行在後」。到了門下，對同僚說不出一句話，暗地裏卻向太監透露：「上疏是（韓）文的主張，我不知道。」

正是由於焦芳的告密，使事態驟然大變。本應下獄甚至被殺頭的劉瑾轉危為安，並在一夜間重權在握，操弄國柄，威福自恣。正直的廷臣則完全失敗，劉健、謝遷、韓文等被逼致仕。不久，劉謹又假傳聖旨，把劉健、謝遷等53名朝臣誣為「奸黨」，有的被罷免，有的坐牢，有的戍邊，有的殺頭……

劉瑾在掌管司禮監當夜，就把太監王岳、范亨、徐智三人「逐之南京」。在路上又將王岳、徐智殺掉，打斷了范亨的臂膀。武宗在貶斥了敢於諫諍的大臣之後，就更無所顧忌地玩樂。他大興土木，建築太素殿、天鵝房船塢，又另建一座多層的宮殿，兩廂設有密室，整天與一些宦官和宮女在裏面花天酒地，縱情淫樂。

劉瑾總是在武宗玩得正高興時上前奏事，或拿出一大堆奏章讓武宗裁決。正玩到興頭上的武宗哪顧得上這些，非常厭煩地揮揮手說：「你老是來找麻煩，朕用你幹什麼？去！去！」

這樣幾次之後，劉瑾就不再奏請，獨自專斷。發展到後來，劉瑾甚至把奏章帶回家中處理。如此，慢慢就形成了朝臣朝見武宗之後，還必須去拜見劉瑾之局。當時民諺曰：「北京城裏有兩個皇帝，一個朱皇帝，一個劉皇帝。」

焦芳在關鍵時刻向劉瑾通風報信，立了「大功」，自然得到劉瑾等宦官的賞識，「遂引芳入閣，表裏為奸。」

按明朝規制，吏部尚書不得兼閣務，這是朱元璋定下的祖宗成法之一。但「自正德年間焦泌陽始」，被破壞了。焦芳投靠劉瑾，得到了高官厚祿，這是他腳踩兩隻船，不擇手段，順勢向上爬的結果。

戰國時代，楚國大臣費無忌運用厚黑術於無形，不動聲色地促使自己的上司替自己除掉競爭對手的高超水平，頗令人心驚。

楚昭王即位，以囊瓦為相國，由伯郤宛、鄢將師、費無忌三人共同輔佐。有一年，郤宛出征吳國，大獲全勝，俘獲大量吳兵和兵器。昭王大喜，將所獲戰利品的一半賜給他，每件事必和他商量，寵幸無比。囊瓦也很稱許他。

費無忌心生妒忌，害怕郤宛會影響到自己的地位，便和鄢將師一起設計陷害。一天，費無忌對囊瓦說：「郤宛有意請客，托我轉報，不知相國肯不肯去？」

囊瓦立即回答：「既然來請，哪有不赴之理！」

費無忌又去對郤宛說：「相國早有意到貴府飲酒，大家快樂一下。不知你是否願意做這個東道主？」

郤宛不知是計，欣然應允：「難得相國看得起，真是榮幸之至！明天我當設宴恭候，請你先去通報！」

費無忌又問：「既然相國前來，你準備送他什麼禮物？」

「這倒提醒我了……」郤宛說：「不知相國喜歡什麼？」

「據我所知，唔……」費無忌答時故意停頓了一下，才續道：「他身為相國，女子財帛自是不希罕。惟有堅甲利兵，他最感興趣。平日他曾對我暗示過，很羨慕你分得的一半吳國兵甲。要來你家赴宴，無非是想參觀一下你的戰利品罷了！」

「這容易！」

郤宛隨即叫人拿出戰利品。

費無忌幫忙挑選出一百件最堅固的兵器，然後說：「這些夠了。你把這些甲械放在門邊。相國來時，必問及此事。一問，你就乘機獻給他。如果是別的東西，恐怕他看不上眼！」

圭宛信以為真，就將那百件兵器和被俘的吳兵安排在門內，用布帳掩蔽起來。

第二天，圭宛大擺筵席，布置堂皇，托費無忌去請囊瓦。

囊瓦正準備啟程，費無忌卻阻住他，張口撥弄是非：「圭宛近來的態度十分傲慢，此次設宴，又不知其中緣故。人心不可測，待我先去探聽一下，看他擺宴情況怎樣，相國再去，這樣比較安全些……」

「那就你先去看看吧！」囊瓦頷首。

費無忌告退，到街上胡亂轉了幾圈，跑了回來，一撞一跌，喘息未定，氣急敗壞地說：「幾乎誤了大事！我已探聽明白，圭宛這次請客，不懷好意，打算置相國於死地。我見他門內暗藏甲兵，殺氣騰騰。相國若前去，一定中他的暗算。」

囊瓦一聽，心裏猶豫起來：「我和圭宛平日並無過節，他肯定不會這樣做！」

費無忌繼續挑撥：「圭宛自從征吳功成，恃王之寵，早蓄取相國之位而代之的野心。這是盡人皆知的事，只瞞著相國一人。我和鄢將師正防他早晚會有此一著。想想，過去吳乘我喪，我乘吳亂，圭宛本可乘勝追擊，把吳國滅了，可他只是俘獲一些兵甲就班師。聽說他得了吳國很多賄賂。他一定心懷鬼胎，想在本國打主意。說不定……此人若得勢，楚國就危險了！」

費無忌侃侃而談，漸漸把囊瓦的思緒打亂了。但囊瓦還是不大相信，便另派心腹去圭宛家打探個明白。

那心腹去了不久，回來報告說，確有其事，門內果然伏有甲兵。囊瓦登時雷霆大發，即叫人去請鄢將師，告訴他這件事，並問他如何處置。

鄢將師早就與費無忌串通好，遂添油加醋地說：「圭宛想造反，已非一天。他和城內三個大族結成一黨，早想謀奪國政。還好今日發覺得快，再遲就後悔莫及了！」

氣憤至極的囊瓦把桌案一拍，喝道：「我非宰了他不可！」隨即奏請楚王，命鄢將師包圍了圭宛家。

圭宛聞知消息，才知道自己中了費無忌的奸計，欲哭無淚，欲訴無門，含冤莫辯，只好長歎一聲，拔劍自刎。

6 小本大利，甘冒大險

厚黑之徒追求的不外乎名利權勢，但利益往往和風險連在一起。因此，為了追逐巨大的利益，就必須甘冒巨大的風險。

春秋時代，寧喜就是甘冒得罪兩代國君的大險，通過迎衛獻公回國重定，得以獨掌朝權。周靈王二十三年（公元前五四九年），被孫林父、寧殖等人趕走的衛獻公，帶著他的兄弟和公孫丁在齊國避難已經十二個年頭。十二年間，獻公無時無刻不想著重回衛國，再登君位。周靈王二十四年，獻公在齊景公暗中幫助下，把屬於衛國的夷儀搶佔了，並以此作為復國的據點。

這時寧殖已死，臨終前對兒子寧喜說：「我寧家自莊武以來，世代皆為忠臣。逐國君的事，其實是孫家所為，並非我的本意。但現在國人都說是孫、寧兩家幹的，對此我死不瞑目。你若能幫助老國君重定，實現我的願望，才是我的好兒子。否則，我死後在陰間，也不享用你的祭物。」

寧喜望著奄奄一息的父親，哭著做出保證，他一定設法使獻公重定。

寧殖死後，寧喜繼承父職，做了左相國。這時，獻公為了能夠重定，便派公孫丁偷偷潛入帝丘城，面見寧喜，對他說：「你如果能讓獻公重定，重主國政，獻公願把實權交給你，他但能主持主持祭祀，於願足矣。」

寧喜前有父親的遺囑，今聞獻公許願讓他執掌大權，遂允公孫丁之請。但他暗裡尋思：萬一自己費盡了心機，拼著命把獻公請回，他當上了國君，卻反悔了，怎麼辦？如果能得到公子珍的保證，就不怕獻公反悔。

公孫丁把寧喜的想法帶回。於是，獻公對公子珍說：「我能不能回衛國當國君，全在寧喜身上。要是他能讓我回國，我情願把大權交給他。請你再走一趟吧！」

公子珍嘴上答應，卻不動身。待獻公催了好幾次，他才說出自己的顧慮：「倒不是我不願去。我想，這事你還是再慎重考慮一下。天下哪有不管事的國君？到時候你一反悔，我對寧喜可就失了信啦！」

獻公說：「我現在漂泊在外，根本說不上大權不大權。只要能夠回國，在太廟裏可延續祖宗的香火，就心滿意足了，其它一切，以後再做打算。」

公子珍終於應允：「既然你決心已定，我就替你說去。」

寧喜有了公子珍做保，就開始四處活動。大夫石惡、北宮遺等重臣都支持他，只有蘧瑗反對。他說：「我還沒聽過把國君趕走，又將他請回來的事。」

但蘧瑗知道自己無力阻擋，只好明哲保身，出走魯國。

寧喜將這事告訴了好友右宰穀。

右宰穀說：「不可，不可！現在的國君是你父親所立，如今已經十二年，他並沒有做過什麼不好的事，你憑什麼把他廢了。再說，你父親已經廢了一個國君，現在你又廢一個，父子倆得罪兩個國君，天下人豈能放過你？」

然而，寧喜為了實現父親的遺願，更為了掌握衛國大權，還是決定按與獻公商議好的去幹。這時候，孫林父已經年老，帶著大兒子孫蒯住在戚城，只留兩個小兒子孫嘉和孫襄在朝。周靈王二十五年，孫嘉奉衛國國君衛秋的命令出使齊國，只剩下孫襄一個人在衛國。寧喜認為這是個好機會，正巧公孫丁又來打探消息，於是聯合右宰穀，乘機殺了孫襄，逼死了衛秋，迎獻公回國。

其後，寧喜掌握了衛國大權。獻公雖說是個掛名的國君，但他畢竟重新做了國君，又能享受榮華富貴了。

寧喜則是明知自己在當時的歷史背景下，不可能為君，他求的是一個「權」。他知道衛秋當初登君位之途不正，況且是孫、寧兩家共立，權力自然分散。現在他獨力更換國君，自然能順勢全面掌權。為了權勢，他竟將國君玩弄於股掌之間，心子之黑，可謂世所罕見。

7 臥薪嘗膽，待機而動

待人處事，聰明人習慣於首先衡量對手的實力和潛力，以確定與之交往的行為方式。不太聰明的人則常常無視於別人的實力和未來的發展，很不明智地用惡意的言行對待別人。這樣的人既不為別人的未來考慮，也不為自己的未來考慮，最後常常發出「早知今日，何必當初」的悔歎。

「水往低處流，人往高處走。」一個人實力微弱，處境困難時，最容易受到打擊和欺侮，抗爭力最差，能避開大劫已算幸運。面對此情此景，怎麼辦？最好是「退一步海闊天空」一時之氣，「留得青山在，不怕沒柴燒」，「臥薪嘗膽，待機而動」，以圖後效。

「臥薪嘗膽，待機而動」，應把握好以下幾個要點：

其一，目的是為了度過難關，克服別人給你製造的麻煩，以免影響你的正事。

其二，這種信念所針對的麻煩應是對抗性的矛盾和衝突，而不是那些雞毛蒜皮的小事。

其三，著眼於遠大目標，致力於成就大事，而不能採取卑鄙的報復行為。

其四，這種信念的價值就在於以暫時之忍換取長久不受氣。

「厚黑救國，古有行之者，越王勾踐是也。會稽之敗，勾踐自請身為吳王之臣，妻入吳宮為妾，這是厚字訣。後來，舉兵破吳，夫差遣人痛哭乞情，甘願身為臣，妻為妾，勾踐毫不鬆手，非把夫差置之死地不可，這是黑字訣。由此知：厚黑救國，其程度是先之以厚，繼之以黑。勾踐往事，很可供我們參考。」

依李宗吾之見，厚黑學的道理，放諸四海而皆準。它變化多端，妙用無窮。厚黑之用，可大可小，既可救國，也可解企業之圍，做最佳的危機處理。危機處理，要訣不外乎先厚後黑。

春秋時期，越王勾踐被吳王夫差打敗，退守會稽山上。勾踐向夫差求和，並主動提出由自己夫婦到吳國給夫差當奴僕之請。夫差答應了。勾踐「厚」術初步成功。

到了吳國，勾踐更是將「厚」字訣發揮到了極點。他住在山洞的石屋裏。夫差每次外出，他親自為其牽馬，恭恭敬敬地讓夫差踏著自己的脊背跨上戰馬。為此，許多人嘲笑他，斥罵他。他毫不在乎，對夫差更加奴顏婢膝。

一次，夫差病了。勾踐得知其病不久就會痊癒，就去看望，並親口嘗了夫差的糞便，然後向夫差道喜，說他的病體很快就會好轉。夫差問他是怎麼知道的。勾踐說，他曾經跟一位名醫學過醫術，只要一嘗病人大小便的味道，就能判斷病情的好壞。他嘗了夫差的大便，味道略苦，是得了時氣之症，不久就會好轉。果然，沒幾天，夫差的病就好了。夫差認定勾踐對自己親如骨肉，於是把他放了回去。

勾踐回國以後，繼續發揮自己堅忍的特點，艱苦度日，衣食樸素，與百姓群臣同甘共苦。床上鋪乾草，屋梁上掛一具苦膽，常常去嘗一嘗苦膽的味道，以示不忘會稽失敗的恥辱和痛苦。

經過數年準備，越國的國力終得恢復，且更加強大。於是，勾踐與夫差決一死戰，一舉包圍了吳國，攻下吳國的城池，活捉了夫差。這時，夫差為了活命而向勾踐請求，自己夫婦願到越國給勾踐當奴僕。然而，勾踐沒有夫差當年那麼傻，他的心可比夫差黑得多，很堅決地拒絕了夫差的請求，要了夫差的命。

8 用韜晦之術苟且偷生

李宗吾說，厚黑「分三步功夫：第一步，厚如城牆，黑如煤炭；第二步，厚而硬，黑而亮；第三步，厚而無形，黑而無色。」這三步功夫，也可說是上中下三乘。

佛門稱善於說法的人「信手拈來，皆成妙諦。」意思是說：這等人隨便談什麼，都能說出一篇精妙的大道理。同樣之理，將厚黑術修煉到上乘之人，也是「隨時做去，皆是厚黑。」有時厚，有時黑，有時厚黑兼備，上中下三乘交替變化。

盧蒲嫳是齊莊公手下的「勇爵」之一，深通厚黑之術。為替主公報仇，他處處迎合慶封王。看到慶封與自己的妻子私通，他也強忍在心，睜隻眼，閉隻眼，可謂臉厚至極，是大師級人物。

事情發生在周靈王二十三年，齊相崔杼聯合慶封，殺了齊莊公，擁立齊景公。莊公手下「勇爵」，有的為保莊公被殺，有的見大勢已去而自殺。

「勇爵」之一的王何對同伴盧蒲癸說：「主公被害，咱們也應同死，才能報答主公對咱們的情義。」

盧蒲癸回道：「死有何用？想報答主公的情義，不如從長計議，暫且逃到別的國家，待機替主公報仇。」

於是，兩人對天起誓，相約以後定要為莊公報仇，然後各自離去。盧蒲癸跑到了晉國。

盧蒲癸膽大心細，很有計謀，臨走前，對兄弟盧蒲嫳說：「主公設立勇爵之位，是為了自衛。現在主公被崔氏所害，我們若是赴死，對主公有什麼好處？所以我決定暫時躲避。我離去後，你一定要想辦法接近慶封，取得他的信任，然後再想法讓他召我回來，這樣，我們就有辦法替主公報仇了。」

盧蒲嫳果然投靠了慶封，處處逢迎，很快取得慶封的信任，成為慶封的心腹。

再說那崔杼自弒了莊公之後，獨秉朝政，專恣益甚。慶封看在眼裏，氣在心中，遂有了除崔杼之心。恰巧崔杼家中發生內亂，崔杼前妻的兩個兒子崔成、崔彊因不滿父親寵信東郭堰、棠無咎和崔明，圖謀除掉他們。

盧蒲嫳見機不可失，出謀要慶封乘機除去崔杼。崔成、崔彊在慶封幫助下，殺了東郭堰、棠無咎，慶封反過來又殺了崔成、崔彊。崔杼見自家內亂，家破人亡，自縊身亡。慶封從此獨攬齊國大權，對盧蒲嫳也更加信任。

慶封掌握大權之後，日益驕淫自縱。某日，盧蒲嫳宴請慶封，並讓妻子出來勸酒。慶封見她年輕美貌，心為之動，竟尋機與她私通。盧蒲嫳一心想讓慶封把哥哥召回，竟視若無睹。

慶封將國政交給兒子慶舍，自己天天沈湎於酒色之中，還讓妻妾搬到盧蒲嫳家中去住，與盧蒲嫳來了個換妻大會，慶封與盧蒲嫳的妻子同眠，盧蒲嫳也與慶封的妻妾同宿，互不禁忌。有時兩家妻小合做一處，就像一家子一樣，飲酒做樂，醉了便胡天胡地，亂成一團。旁人暗中取笑，慶封與盧蒲嫳也不在意。

有一天，盧蒲嫳乘慶封高興，請求他把自己的哥哥召回。慶封爽快答應。

盧蒲癸回到齊國之後，慶封見他挺有本事，就叫他去伺候兒子慶舍。

慶舍是個大力士，見盧蒲癸也能力舉千斤，非常高興，便把女兒嫁給他。從此二人更加親熱。

慶舍常常帶著盧蒲癸出去打獵。盧蒲癸乘機顯露本事，慶舍直誇獎他的能耐。

盧蒲癸說：「這算什麼？我的朋友王何比我強多了。」

慶舍一聽，立刻要他把王何請回來。

自從崔杼聯合慶封殺了莊公之後，慶舍也惟恐自己被人暗算，每逢出門，都帶貼心衛士防衛。有了盧蒲癸與王何兩位勇士後，慶舍便讓他二人做了自己的貼身衛士，不離左右。

盧蒲癸、王何逃亡數年，終於又回到齊國，並取得慶封、慶舍父子的信任。後來，他們乘慶封外出打獵，聯合幾位大夫，殺了慶舍。慶封聞風逃到了吳國，後被楚靈王所殺。

在《厚黑學》看來，鋒芒畢露，咄咄逼人，固然能從氣勢上壓倒對手，取得勝利。但韜光養晦，暫時隱藏實力，削弱敵人對自己的提防，特別是在自己處於劣勢時，藉以隱蔽和保護自己，討好、矇騙敵手，發展、壯大自己的力量，伺機而發，也能取得同樣的效果。盧蒲癸靠厚臉掩蓋自己的「殺心」，最終獲得成功，可說為此做了最好的注解。

9 別人不幹，我幹！

在保守的社會，「推銷自己」與「自我宣傳」，好像被視為是心有所圖的卑劣之行。只要你知道自己行，這就夠了。才能不受重視，或是不為人知，算得什麼？可在當今社會，堅持這種想法，你只能默默無聞，一顯身手的機會絕不會輪到你身上。

假如你有某方面的才幹，甚至身懷旁人不能企及的能力，就得在上司面前有意無意地表露出來，讓他發覺你是個可造之才。如果你一聲不吭，他自然無從知曉。你的才能長期無法施展，對工作單位，甚至國家社會來說，是浪費了一筆財富，對你個人來說，也埋沒了大好的人才。

平時就設法把自己的才能刻在上司的腦子裏，一到人事有變動，他自然會首先想到你的才能，為你做出適當的安排。再不，利用各種機會向上司自薦專長，也較能得到脫穎而出的機會。

專長何在，即使人事資料的電腦上記載得再清楚也無濟於事。重要的是，讓上司對你的專長有所認識。否則，你就如同路邊的石頭，無人搭理。

當今世界，隱忍待機已不可行，必須設法讓人認識你的才幹。好職位不會自然而然輪到你，你必須全力去搶。置身在這個時代，為了推銷自己，絕不可有所顧慮。

很多人都夢想一朝獲得上司的賞識，從而脫穎而出，獲得最大的利益，卻常常忘了，自我形象的塑造必須通過一點一滴的積累。必須先有付出，然後才得享回報。

比如說，每個人都有自己喜歡或不喜歡的工作。有些人喜歡在熱鬧喧嘩的環境中穿梭交際，有些人則喜歡安安靜靜地埋頭於研究工作，這是因為每個人的性情各不相同。此外，有不少人原本不喜歡自己所從事的工作，但在每天不停地投入心力之後，便不知不覺地喜歡上了。

有些工作，每個人都討厭擔在肩頭，對這樣的「苦差事」唯恐避之不及。但工作總要有人做。於是，眾人只好在心裏暗自祈禱，千萬別讓它降到自己頭上。

在這種情況下，你若表明自願做這些沒有人願意做的工作，不但能贏得同事的尊敬，更能夠得到上司賞識，甚至讓上司對你心存感激：「多虧了你的暗中幫忙！」

這是你展露才能、勇氣和責任心的大好機會。有時候，即使你有這份心，也未必有這樣的差事讓你做。所以，碰到這種自我表現的機會，決不要心存一絲一毫猶豫，應當慨然承擔。

當然，這樣做，必須預做相應的心理準備。因為這類工作大多非常辛苦，吃力不討好，即使你付出了全部的心力，也不一定能達到效果。即使如此，你還是應該勇氣百倍地默默耕耘。

事實上，這類工作往往比那些表面看起很容易的工作，更能激發人的鬥志。能夠從這樣的工作中找到樂趣的人，大多是精通厚黑之道的處世高手。所以，他們並不在乎別人怎麼看、怎麼說，甚至對什麼時候才能得到他人的認同，也不多問。因為他們堅信，只要付出，肯定會得到回報。如果你唯恐自己吃虧而跟著大家一起推卸，那就等於是自己把機會往外推。

當然，人生在世，誰也難免碰到徒勞無功的情形。只不過，越是饑腸轆轆的時候，愈能夠體會出食物的重要性。這就像是唯有經歷過病痛折磨的人，才能夠深刻地體會出健康的重要性。經歷過逆境，方可嘗到苦盡甘來的樂趣。

「塞翁失馬，焉知非福。」人生的路途很漫長，從眼前分析，或許所有的努力都屬徒勞無功，「瞎忙活」，但日後說不定會有意外的收穫。反之，眼前看起來很光豔耀眼的事，或許很快就褪色而變成食之無味，棄之並不可惜的「雞肋」。

10 見好就收！精於進，巧於退

所有高明的賭徒都明白一個道理：退得妙，恰如進得巧。一旦獲得足夠的成功，就得見好即收。聯袂而來的好運總是可疑的，比較安全的情況是好運與厄運交錯而來，這樣還可以使人享受到苦中帶甜之樂。運氣來得太猛太快，它很可能最終會把你摔得七葷八素。

楚漢相爭，劉邦最重要的謀士和武將，要數蕭何、張良和韓信三人。前兩人，在劉邦登基之後，一個激流勇退，一個處處謹慎，才博了個善終。只有韓信，由於沒有見好就收，功成後不知收斂自己，最終成了「兔死狗烹」的又一實證。

韓信指揮打仗，確實很有一套，劉邦拜他為大將，也的確選對了人。但是，劉邦始終對他不太放心，總怕他恃功謀反。韓信呢？他的軍事造詣比劉邦強了不知多少，厚黑方面的才能卻絕對無法與劉邦相比。他始終對劉邦心存幻想，總以為自己為劉邦立下汗馬大功，劉邦不會對他下手。他在劉邦面前說話，總是毫無顧忌，常失君臣之間的分寸。

有一天，兩人議論諸將優劣。劉邦問道：「你看我能領多少兵馬？」韓信脫口而出：「陛下不過能領10萬兵。」劉邦又問：「那你能領多少兵馬？」韓信自信地說：「多多益善。」劉邦一笑：「君既多多益善，為何為我所控？」韓信老實回答：「陛下不善統兵，卻善馭將。」

劉邦話中對韓信的猜忌之意，誰都能體會出來，獨有韓信自己卻毫不覺察。韓信的好友蒯通智謀過人，早已覺察出劉邦對韓信的猜忌，勸韓信趁早離開劉邦自立，否則後果不堪設想。韓信不聽。

劉邦登基之後，韓信從戰時虛封的齊王改為淮陰侯，心中不快，因而不願隨劉邦出征謀反的陳豨。

呂后藉此機會，圖謀向韓信下手。她以韓信手下的隨從舉報韓信曾與陳豨通謀為名，讓與韓信私交甚好的蕭何去勸他進宮。

蕭何來到韓信府中，說：「現在滿朝文武都進宮祝賀主上伏陳豨告捷，唯有你稱病不去，似乎不太妥當吧！」

韓信聽了蕭何的話，只得隨其進宮。剛入宮門，早就設下的伏兵一擁而上，立即把他抓了起來。

長樂宮內，呂后怒氣沖沖地罵道：「你為何與陳豨通謀？」

韓信莫明其妙：「此話從何講起？」

呂后不由分說，立即宣布：「現奉主上詔書，說陳豨謀反都是由你所指使，你的隨從也來揭發，你還有什麼可說的？」說完，不等韓信有任何申辯，立即下令將他推出處死。韓信的確是軍事天才，但他也是一個政治蠢才！

當年，是蕭何月下把韓信追回並推薦為大將，此時又是蕭何把韓信引誘入宮殺害，所以後人說：「成也蕭何，敗也蕭何。」這世道變得真快呀！

劉邦回到長安，並未責備呂后擅自殺害功臣，可見他對此至少是默許的。

現在看來，如果韓信當初聽了蒯通的話，及早離劉邦他去，多半不會受害。或者如果他能明智一點，及早像張良那樣，激流勇退，也不至於遭致如此可悲的結局。

11 提防小人背後下絆子

有一則寓言：一隻瞎了左眼的鹿走到海邊，在那裏吃草。牠用好眼對著陸地，防備獵人襲擊，用瞎眼對著大海，以為那邊不會有什麼危險。誰知，恰好有人坐船經過，看見這頭鹿，一箭就射中了牠。鹿倒下時喃喃自嘆道：「我真倒楣！原以為陸地危險，嚴加防範，而去投靠大海，想不到遇上更致命的災難！」

這則寓言提醒世人，在待人處事之中，一定要隨時睜大雙眼，提防小人在背後下絆子、捅刀子。

所謂小人，就是那些品格低下、手段卑劣之輩。在與這類人打交道時，一定要加一百二十個小心。否則，一旦你得罪或激怒他們，往往陷入絕境，因為小人做事向來不擇手段，他們會小題大做、添油加醋或憑空捏造事實，在暗中對你下手。

秦檜以「莫須有」的罪名置岳飛於死地。當時，韓世忠憤憤不平地說：「『莫須有』三字何以服天下！」這真是「以君子之心度量小人」。秦檜根本不需要「服天下」，只要他捏造的罪名經由「最高上司」——皇帝認可，他的目的就達到了。

春秋時期，一次，宋國即將與鄭國開戰。戰前，宋國統帥華元殺羊犒賞三軍，可能是一時疏忽大意，沒有給他的駕車人羊斟吃肉。等到作戰時，羊斟說：「前天殺羊犒軍的事，由你做主；今天駕車作戰的事，由做作主。」隨即，他故意把車駛入鄭軍陣中，致使華元被俘，造成了宋軍大敗。

中國古代有「四大美人」之稱，指的是西施、貂嬋、王昭君和楊玉環。其中，楊玉環是唐朝玄宗皇帝的妃子。據說，楊貴妃有羞花閉月之貌，沈魚落雁之容，深得皇帝寵愛。一個女人，特別是一個受到帝王寵愛的女人，必然很在乎天下臣民是否讚美她。楊玉環自然也不例外。

唐玄宗李隆基是一位出了名的風流天子，宮廷中當然不乏一流的樂隊，也有許多詞臣不斷地撰寫歌詞。在眾多詞臣中，翰林學士李白無疑是最為傑出的一位。

在一次宮廷酒宴中，李白於酒酣耳熱之際，作《清平調》三首，歌頌楊玉環的美貌與得寵。

據說，他作這三首詩時醉態可掬，要楊貴妃親自為他磨墨，還命皇帝寵信的大太監高力士為他脫靴。太監的地位本極卑賤，但得寵的太監就不同了。李白要高力士當眾為他脫靴，高力士自然深以為恥，從此便種下禍根。

雲想衣裳花想容，春風拂檻露華濃。
若非群玉山頭見，會向瑤地月下逢。
一枝紅豔露凝香，雲雨巫山枉斷腸。
借問漢宮誰得似，可憐飛燕倚新妝。
名花傾國兩相歡，長得君王帶笑看。
解釋春風無限恨，沈香亭北倚欄杆。

李白在詩中把楊玉環寫得玉容花貌，如仙女一般。楊玉環十分得意，常常獨自吟頌其中的清詞麗句。但是，李白詩中卻提到了趙飛燕。這在李白，或許不存絲毫諷刺之意。他只是就趙飛燕的美麗與得寵，同楊玉環相比較。但他當時怎麼也不會想到，此詩被高力士鑽了空子，並最終栽在這個大太監手裏。

一天，高力士又聽到楊玉環在吟誦《清平調》，突然以開玩笑的口吻問道：「我本以為娘娘一定會為這幾首詩，把李白恨入骨髓，沒料到您竟然喜歡到如此地步？」

楊貴妃聽後大吃一驚，問道：「難道李翰林侮辱了我嗎？為何我要恨他？」

於是，高力士施展開移花接木的唇舌：「難道娘娘沒注意到？他把您比作趙飛燕。趙飛燕是什麼樣的女人，怎麼能同娘娘您相提並論？他豈不是把貴妃您看得同趙飛燕一樣淫賤嗎？」

聰明的女人在遇到切身利害時，也會變得很笨。楊玉環果然立即上鉤。在當時，楊玉環早已是「後宮佳麗三千人，三千寵愛在一身」，她的哥哥、姊妹也都位高權重，聲勢顯赫。她惟一擔心的便是自己的地位是否穩固，絕不希望被人看作像趙飛燕那樣淫賤，更害怕也落到她那樣的下場。

機警的高力士摸透了她的心思，因此選在她最軟弱處下刀子。他輕而易舉地便把李白的詩同趙飛燕的下場嫁接起來，使讚美的詩篇成了譏嘲的證據，激起了楊玉環的反感與憎恨。後來，唐玄宗曾三次想提拔李白，都被楊玉環作梗阻住了。

高力士就是靠此手段，達到了報復李白要他脫靴之辱。一次小報告，竟葬送了「詩仙」的大好前程。可以說，李白豪放不羈的個性和過於清高的行事風格，使他最終未能在政壇上嶄露頭角。在他看來，像高力士這樣的小人根本不配與自己為伍，正邪勢不兩立，正人君子自然應疾惡如仇。正是在這種心理驅使下，李白巧借酒醉之機，公然在大庭廣眾之下侮辱了高力士，沒給他留下絲毫面子。這樣做，自然可以泄一時之憤，但得罪一個小人而斷送了自己的功名，值得嗎？應該說，笑到最後的還是高力士。

歷史上許多沈痛的教訓，都在提醒你我，與小人打交道，要隨時提防小人在你我背後下絆子、打悶棍！

12 多點防人之心

「害人之心不可有，防人之心不可無。」這話固然有其狹隘的地方，會使人變得謹小慎微，失去磊落的氣度，但它也並非沒有道理。

三國時期，曹植與曹丕爭魏王世子之位。曹植才華橫溢，人人敬服，曹操也對他另眼相看，內心確有打算，要把王位傳給他。當曹植封侯時，曹丕在軍中還不過只混到郎官，比起曹植，太不起眼了。但曹丕精通厚黑之道，他知道如何打敗曹植。

曹操帶兵出征，曹丕與曹植都到路邊送行。曹植充分發揮其文才，稱頌父王的功德，出口成章，引人注目，曹操也大為高興。曹丕則反其道而行，裝得很含蓄，假惺惺地哭拜在地。曹操及左右的人都很感動，認為曹植只有華麗的辭藻，曹丕卻心懷忠誠厚道。

其後，曹植繼續其文人作派，我行我素，不肯善用心計。這正中曹丕下懷。曹丕進一步行使厚黑之道，掩飾真情。於是王宮中的人及曹操身邊的親信都為他說話，終使他得以被立為世子。從此，曹植的日子便一天天難過了。

有些人內心雖虛偽，對別人的奉承拍馬卻常忍不住飄飄然，毫無防備地鑽進了圈套，中了別人的「厚黑」術。

一位局長剛到某機關上任，第一件事就是找人談話，瞭解情況。這個機關的一位處長出差歸來，主動找他報告，懇請他對自己提出批評。局長便根據下面的反映，向他指出：「不少同事提到你在領導面前唯唯諾諾，不敢秉公直言，有點曲意奉承的味道。希望你以後注意改進。」

這處長急忙解釋：「局長，你真不知道，前任局長有多主觀啊！他根本聽不進不同的意見！我只能顧全大局，違心順從。如果領導都能像您這樣謙虛隨和，善於納諫，那該多好！」

「這倒也是……」局長莞爾一笑，心裏甭提多舒服了。

戰國時期，著名的軍事家孫臏應魏惠王之請出山。按說，這該是他半生學業開花結果的時候。但他做夢也沒想到，自己的老同學龐涓竟會害他，導致他受到挖去兩個膝蓋骨的酷刑，差一點連小命都丟了。

韓非的遭遇更糟。秦王政讀了他的書，恨不得立刻見到他，派人把他請到咸陽。經一度交談，兩人相見恨晚，韓非此後的一番大事業似乎指日可待了。然而，就在此時，韓非也斷然沒有想到，他的老同學李斯會在秦王政面前進讒言，欲置他於死地。

這兩樁案例，無論是孫臏臏足，還是韓非被害，對二人來說，都是防不勝防。正是因為這個原因，才見出防範他人之預謀的必要。現實社會很複雜，人在任何情況下，都不能毫無防備地說話做事．雖說不一定非得虛偽不可，但絕對需要防人。

國家圖書館出版品預行編目資料

自命不凡的人都是凡人／方東野 校訂 -- 初版 --
新北市：新潮社文化事業有限公司，2025.01
冊；　公分
ISBN 978-986-316-927-7（平裝）
1.CST：應用心理學 2.CST：人際關係

177.3　　113016295

自命不凡的人都是凡人

方東野　校訂

企　劃　天蠍座文創製作
出　版　新潮社文化事業有限公司
電話 02-8666-5711
傳真 02-8666-5833
E-mail：service@xcsbook.com.tw

總 經 銷　創智文化有限公司
新北市土城區忠承路 89 號 6F（永寧科技園區）
電話 02-2268-3489
傳真 02-2269-6560

印前作業　東豪印刷事業有限公司
印刷作業　福霖印刷企業有限公司

初　版　2025 年 06 月